재미있게 살고 싶다면

예능 PD

재미있게 살고 싶다면

예능 PD

신정수 지음

TaLK SHOW

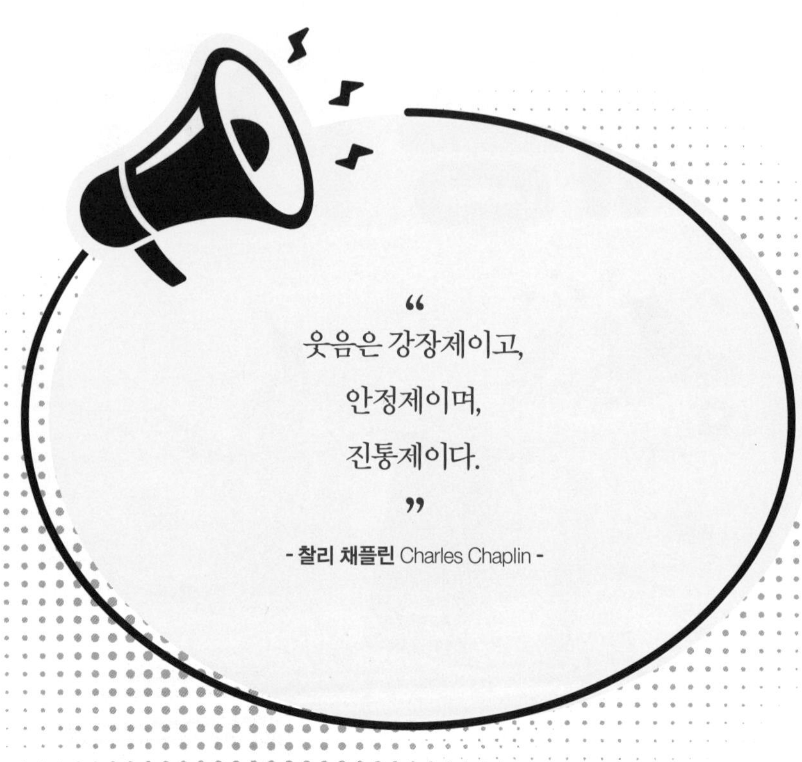
"
웃음은 강장제이고,
안정제이며,
진통제이다.
"
- 찰리 채플린 Charles Chaplin -

"
행복해서 웃는 것이 아니라
웃어서 행복한 것이다.
"
- 윌리엄 제임스 William James -

C·O·N·T·E·N·T·S

예능PD 신정수의
프러포즈

청소년 여러분, 안녕하세요.
예능PD 신정수입니다.

예전에는 TV 화면에서만 볼 수 있었던 방송이 이제는 스마트폰을 통해 언제 어디서든 즐길 수 있는 '영상 콘텐츠'라는 친근한 모습으로 우리 곁에 다가왔습니다.

다양한 영상 콘텐츠 중에서도 예능은 우리에게 웃음과 감동을 선사하며, 바쁜 일상에서 잠시나마 휴식을 취할 수 있도록 도와줍니다. 코미디, 쇼, 리얼리티 프로그램, 유튜브 콘텐츠 등 다양한 예능 프로그램들이 여러분을 기다리고 있습니다.

'재미가 없으면 TV가 아니다.'

제가 예능PD로서 늘 마음속에 새기고 있는 말입니다. 입사 초, 선배들에게 들었던 이 말은 지금도 제게 큰 영감을 주고 있습니다. 시청자들이 다음 장면을 기대하고, 출연자들의 모습에 공감하며 몰입할 수 있도록 만드는 것, 바로 이것이 예능PD의 가장 중요한 역할이라고 생각합니다.

예능PD는 단순히 웃음을 주는 것을 넘어, 사람들의 삶을 세밀하게 관찰하고 공감대를 형성하는 이야기를 만들어내야 합니다. 시청자들이 일상에서 느끼는 기쁨, 슬픔, 감동을 프로그램에 담아냄으로써 함께 웃고 울고 공감할 수 있는 경험을 선사하는 것이죠.

예능PD의 일상은 매일 새로운 도전과 즐거움으로 가득합니다. 마치 '새롭고 재미있는 것을 찾아라!'라는 숙제를 풀어나가는 것과 같죠. 비록 모든 시도가 성공으로 이어지지는 않지만, 시청자들에게 웃음과 감동을 선사하기 위한 노력은 끊임없이 이어집니다. 예상치 못한 결과물이 만들어낼 때의 짜릿함과 함께, 시청자들의 뜨거운 반응을 보며 느끼는 보람은 예능PD

만이 누릴 수 있는 특별한 기쁨이라고 생각합니다.

　예능PD와 함께 일하는 연예인, 스태프들도 사람들에게 즐거움을 주는 일을 가장 중요하게 생각합니다. 함께 일하는 동료들과 같은 마음으로 하나의 목표를 향해 달려갈 수 있다는 것 자체가 큰 행복입니다. 또한, 내가 만든 프로그램에 대해 가족과 친구들, 나아가 많은 사람들과 쉽게 공유하고 소통할 수 있다는 것은 상상만 해도 신기하고 즐거운 일이 아닐까요?

　세상 사람들과 '재미'로 소통하고 싶다면 예능PD가 되세요. 여러분의 삶에 젊음과 즐거움이 가득할 것입니다. 한 사람 한 사람에게 웃음과 감동을 전하며 세상을 더욱 행복하게 만들고 싶은 분들을 환영합니다.

- 예능PD 신정수 올림

😆 Mnet 국장 시절

첫인사

편 토크쇼 편집자

신 예능PD 신정수

편 신정수 PD님, 안녕하세요? 저는 〈일요일 일요일 밤에〉, 〈게릴라 콘서트〉, 〈나는 가수다〉 등 PD님이 만든 프로그램을 즐겨 보며 많은 위로와 즐거움을 얻었습니다. 오늘 이렇게 PD님을 직접 만나 뵙게 되어 정말 영광입니다.

신 이렇게 좋은 기회를 주셔서 감사합니다. 저보다 훌륭한 예능PD들이 많은데, 제가 인터뷰를 하게 되어 영광입니다. 부족한 점이 많지만, 제가 경험하고 고민한 것들을 바탕으로 솔직하게 이야기해 보겠습니다. 오랜 시간이 지났지만, 제가 만든 프로그램을 시청해 주셔서 다시 한번 감사드립니다.

편 많은 사람들이 예능 프로그램을 통해 일상생활의 스트레스를 해소하고 즐거움을 찾고자 하는 것 같아요. 저 또한 바쁜 일상에서 예능 프로그램을 통해 휴식을 취하고 즐거움을 얻고 있고요. PD님은 시청자들에게 끊임없이 웃음을 선사해야 하는 큰 책임감을 느끼실 것 같은데요. 시청자들의 기대에 부응하며 재미있는 프로그램을 만드는 일이 쉽지만은 않았을 것 같아요.

신 물론 스트레스가 전혀 없다고는 할 수 없어요. 하지만 시청자들에게 좋은 프로그램을 만들어야 한다는 긴장감이 오히려 전투력을 키우기도 합니다. 긍정적으로 작용하는 스트레스

😍 <나는 가수다> 로고

😮 <게릴라 콘서트>, 2000년에 시작된 <일요일 일요일 밤에>의
한 코너였으며, 제가 이 코너의 메인 PD였습니다.

인 셈이죠. 마치 매일 시험지를 받는 것처럼, 시청률이나 다양한 지표를 통해 시청자들의 반응을 바로 확인할 수 있다는 점이 이 일의 매력이기도 해요. 하지만 무엇보다도 사람들에게 웃음과 감동을 선사한다는 사실이 가장 큰 보람입니다. 함께 일하는 스태프들과 끊임없이 소통하며 새로운 콘텐츠를 만들어내는 과정은 언제나 즐겁죠. 시청자들의 뜨거운 반응을 보며 얻는 성취감은 그 어떤 것과도 비교할 수 없는 기쁨입니다.

편 미디어 환경이 빠른 속도로 변화하면서, 우리는 짧은 시간 안에 많은 정보를 접하고 있습니다. 특히, 모바일 쇼츠처럼 짧고 자극적인 콘텐츠가 유행하면서 눈과 머리가 항상 바빠진 것 같아요. PD님은 지상파 시대부터 디지털 시대까지 미디어 환경 변화를 겪어오셨는데요, 앞으로 우리를 기다리고 있는 미디어 환경은 어떻게 변화할까요?

신 이제 세상은 수많은 콘텐츠로 가득 차 있고, 국가나 언어의 장벽 없이 전 세계 사람들이 동시에 콘텐츠를 즐기는 시대가 되었습니다. 과거에는 방송사에 입사해야만 PD가 될 수 있었지만, 이제는 누구나 스마트폰 하나로 콘텐츠를 제작하고 전 세계에 공유할 수 있는 시대가 되었습니다. 자동 번역 기능을 활용하면 언어 장벽도 쉽게 극복할 수 있죠. 더군다나, OTT

🫢 중국 콘텐츠 로고, <용감적심>이라는 프로그램으로 한국어로 '용감한 마음'이라는 뜻입니다.

⚡ HD 4K 🔋

플랫폼을 통해 세계 최고 수준의 콘텐츠를 쉽게 접하게 된 세대는 자연스럽게 콘텐츠 소비자이자 동시에 창작자로서의 역량을 키우고 있습니다. 스마트폰과 편집 툴이 보편화되면서 누구나 간편하게 영상 콘텐츠를 제작하고 공유할 수 있게 되었고, AI 기술의 발전은 창작의 문턱을 더욱 낮추고 있죠. 이처럼 기술의 발전과 함께 콘텐츠 소비 패턴이 변화하면서, 미래의 미디어 환경은 예측 불가능한 변화를 거듭하며 우리 삶의 중심에 자리 잡을 것입니다.

편 예능 프로그램을 즐기는 청소년들의 모습을 보면서 한편으로는 걱정이 되기도 합니다. 우리 아이들이 건전한 콘텐츠를 통해 긍정적인 영향을 받을 수 있도록 어떻게 도와줄 수 있을까요?

신 물론, 방송 심의 규정을 준수하는 것은 기본적인 시청 원칙입니다. 하지만 단순히 규정에만 의존하기보다는, 청소년들이 콘텐츠를 시청하며 끊임없이 질문하고 탐구하는 자세를 기르는 것이 더욱 중요해요. 예를 들어, 방송 프로그램을 보다가 모르는 단어나 생소한 개념을 만나면 직접 찾아보고 이해하려는 노력을 통해 자연스럽게 사고력을 키울 수 있습니다. 이러한 과정을 통해 청소년들은 단순히 정보를 소비하는 수동적인 태도에서 벗어나, 스스로 생각하고 판단하는 능력을 기를 수 있을 거예요. 물론, 처음부터 완벽하게 스스로 학습할 수 있는 것은 아니지만, 이러한 탐구 과정을 통해 얻는 지적 호기심과 성취감은 건강한 미디어 소비 습관을 형성하는 데 큰 도움이 될 거로 생각해요.

편 예능PD는 아이디어의 천재일 것 같아요. 청소년들이 이 직업을 어떻게 바라보고 다가오기를 바라나요?

신 창의적인 아이디어를 떠올리는 능력이 뛰어난 동료들을 보면 감탄할 때가 많아요. 하지만 그들도 오랜 시간 노력과 경험을 쌓아온 결과예요. 아무리 좋은 아이디어라도, 이를 구현하기 위해서는 연기자, 스태프, 기술 등 다양한 요소들이 조화롭게 어우러져야 하기 때문이에요. 사실 창의적인 아이디어는 우리 주변의 일상생활 속에서 발견되는 경우가 많아요. 사람들과의 소통을 통해 공감대를 형성하고, 다양한 경험을 쌓는 것이 더욱 중요하죠. 따라서 저는 콘텐츠 업계의 성공은 단순히 창의적인 아이디어뿐만 아니라, 타인에 대한 공감 능력과 협업 능력이 더 중요하다고 생각해요.

편 PD님은 이 직업을 통해 인생에 어떤 가치를 창조하셨나요?

신 사실, 대중문화를 창조한다는 거창한 표현보다는, 시청자들에게 즐거움을 선사하는 일을 한다고 생각합니다. 방송사에 입사해서 PD라는 직업을 경험하면서, 이 일이 얼마나 재미있고 중요한 일인지 뒤늦게 깨달았어요. 처음부터 방송 PD가 어떤 직업인지 잘 알고 뛰어든 사람도 있지만, 저처럼 잘 모르고 뛰어든 사람도 있거든요. 처음에는 우연한 기회에 시작했지만, 지금은 제 삶의 중심이 되었죠. 이 일을 통해 저는 제 안에 숨겨진 능력을 발견하고, 삶의 소중함을 깨닫게 되었습니다. 무엇보다도, 방송을 통해 많은 사람들에게 즐거움을 선사하며 재미있는 삶을 살고 있다는 사실에 감사하고 있습니다.

편 PD님이 생각하는 진정한 직업인이란 어떤 사람일까요?

신 사실 직업에 대한 정의는 사람마다 다르기 때문에 이 질문에 대한 답변은 쉽지 않습니다. 저는 직업이 단순히 생계를 유지하는 수단을 넘어, 사회와 소통하고 공동체에 기여하는 매개체라고 생각합니다. 즉, 직업은 경제적 활동을 통해 개인의 삶과 사회를 연결하는 중요한 역할을 수행한다고 봅니다. 따라서 진정한 직업인이란, 자기 일을 통해 사회에 기여하고 공동체의 일원으로서 책임감을 가지는 사람이라고 생각해요. 어떤 직업이든 귀천을 나누기보다는, 어떤 마음으로 일하느냐가 더 중요하다고 생각합니다. 이런 점에서 예능PD는 시청자들에게 즐거움을 선사함으로써 사회에 기여하고 있는 셈이죠.

◉편 예능 프로그램에 대해 자세히 알아보고, 예능PD라는 직업에 대한 정보와 함께 즐거운 삶과 미디어 문화에 대해 짚어보는 뜻깊은 시간이 될 것 같습니다. 멋진 직업, 예능PD의 세계로 함께 들어가 보시죠.

◉신 네! 소중하고 중요한 기억을 모두 여기에 펼쳐 놓겠습니다. 제게 유리한 기억일 수도 있겠지만, 최대한 솔직하게 담아 볼게요. 열심히 해보겠습니다!

예능 프로그램의 세계

예능 프로그램이란 무엇인가요?

편 예능 프로그램이란 무엇인가요?

신 쇼 Show, 코미디 Comedy, 퀴즈쇼 Quiz Show, 시트콤 Sit Com, 리얼 버라이어티 Real Variety, 오디션 Audition 등을 모두 예능 프로그램 이라고 합니다.

편 방송 프로그램의 장르에 관해 설명해 주세요.

신 방송 프로그램은 뉴스, 드라마, 스포츠, 다큐멘터리, 정보, 예능 등 여섯 가지 정도로 나눌 수 있어요. 뉴스는 기자들이 제작하는 시사 보도 프로그램이며, 드라마는 허구적인 이야기를 바탕으로 제작된 프로그램입니다. 다큐멘터리는 자연, 인간, 사회 등 다양한 주제를 심층적으로 다루는 프로그램입니다. 정보 프로그램은 시청자들에게 유용한 정보를 제공하는 프로그램으로, 과거에는 교양 PD들이 주로 제작했지만, 최근에는 예능PD들도 참여하여 정보와 재미를 결합한 형식의 프로그램이 많이 제작되고 있습니다. 나머지 프로그램들은 대부분 예능 프로그램에 속하며, 코미디, 퀴즈, 리얼리티쇼 등 다양한 형태를 포함합니다.

예능 프로그램의 특징이 있나요?

편 예능 프로그램의 특징은 무엇인가요?

신 드라마는 줄거리를 가진 이야기를 풀어나가는 형식이며, 뉴스는 사실에 기반한 보도를 하는 프로그램입니다. 예능 프로그램의 가장 큰 특징은 재미이며, 인간이 살면서 느끼는 희로애락 喜怒哀樂 과 같은 다양한 감정을 활용하여 시청자의 몰입을 유도하는 것이 핵심 매력입니다. 일반적으로 웃음을 유발하는 재미를 많이 떠올리지만, 감동이나 슬픔을 유발하는 재미 또한 존재하죠. 특히 슬픔을 유발하는 재미는 타인의 불행에 대한 공감에서 비롯되며, 방송 초창기에는 이러한 기본적인 감정을 직설적으로 표현하는 코미디나 음악 쇼 프로그램이 주를 이루었습니다. 이러한 콘텐츠를 연출하는 사람들은 대부분 예능PD였습니다.

예능 프로그램의 소재는 무엇인가요?

편 예능 프로그램에서 다루는 소재는 어떤 것들이 있나요? 예능 프로그램을 어떤 기준으로 분류할 수 있는지 궁금합니다.

신 예능 프로그램의 소재는 무궁무진해요. 앞서 말씀드린 것처럼, 예능 프로그램은 인간의 재미를 다루는 분야이기에 인간 생활의 거의 모든 것이 소재가 될 수 있습니다. 예를 들어 여행, 음식, 음악, 영상, 체험, 상상 등 다양한 요소가 활용되죠. 여행 콘텐츠의 대표적인 예로는 〈1박 2일〉이 있습니다. 이는 사람들이 새로운 경험을 찾아 여행을 떠나는 과정을 담아 재미를 선사합니다. 음식 관련 콘텐츠, 소위 '먹방 콘텐츠'는 현재 매우 흔하죠. 과거에는 다른 사람이 먹는 모습을 보는 것이 무슨 재미가 있을까 생각했지만, 이제는 그러한 간접 체험을 통해 시청자들이 직접 맛집을 방문하여 음식을 맛보는 즐거움을 느낄 수 있도록 합니다. 심지어 공부할 때 접하는 '책'이나 '뉴스'를 소재로 한 예능 콘텐츠도 등장했습니다.

‘책책책 책을 읽읍시다' 포스터, 2001년 MBC <느낌표>에서 시작한 코너로, 김용만, 유재석 씨가 진행한 책을 소재로 한 최초의 예능 프로그램입니다.

예능 프로그램의 역사는
어떻게 시작되었나요?

편 예능 프로그램의 역사는 어떻게 시작되었나요?

신 1930년대 외국에서 TV가 처음 등장한 이후, 우리나라에는 1950년대부터 TV가 보급되었어요. KBS가 국내 최초로 TV 방송을 시작했으며, 초기에는 가요 쇼와 코미디 프로그램이 주를 이루었습니다. 이후 뉴스와 드라마가 등장했고, 1960년대 후반에는 스포츠 중계가 시작되었습니다. 1980년대 컬러 TV가 보급되면서 1980년대 중반, 한국에서도 토크쇼가 처음으로 제작되었어요. 당시 미국을 중심으로 토크쇼와 퀴즈쇼가 유행하고 있었는데, 특히 상금을 걸고 경쟁하는 퀴즈쇼가 인기였습니다. 하지만 한국에서는 상금이 걸린 방송 콘텐츠가 사행성을 조장한다는 여론 때문에 방송법으로 금지되어 있어 퀴즈쇼를 제작할 수 없었죠.

1980년대 아침 정보 프로그램의 등장으로 방송은 다변화되기 시작했어요. 컬러 TV 보급은 한국 방송 역사의 전환점이 되었다고 해도 과언이 아닙니다. 방송 광고 시장이 크게 성장했고, 시청자들의 TV 시청 시간 또한 늘었죠. 수준 높은 드라마들이 다수 제작되었고, 예능 프로그램 역시 기존의 쇼 및 코미디 프로그램에서 벗어나 다양한 포맷을 갖추기 시작했어요. 토크쇼와 버라이어티 쇼가 대표적인 예죠.

1990년대 초 일본에서는 버라이어티 쇼라는 새로운 형식의 프로그램이 등장했어요. 버라이어티 쇼는 기존의 프로그램 형식에 구애받지 않고 다양한 내용을 담을 수 있는 콘텐츠를 의미합니다. 예를 들어, 코미디, 가요, 토크쇼, 퀴즈쇼 등은 스튜디오라는 제한된 공간에서 정해진 형식에 따라 진행되지만, 버라이어티 쇼는 형식에 얽매이지 않고 모든 것을 자유롭게 담을 수 있는 장르입니다. 버라이어티 쇼는 스튜디오라는 한정된 공간에서 벗어나 ENG 카메라를 이용하여 야외에서 다양한 소재와 풍경을 담아 현실을 촬영하기 시작했죠. 일본 TV의 영향을 받아 한국에서도 〈일요일 일요일 밤에〉라는 버라이어티 프로그램이 처음으로 제작되었어요. 〈일요일 일요일 밤에〉와 같이 스튜디오에 앉아 야외 촬영분을 감상하며 "보시죠!" 형식의 프로그램이 대표적인 예시입니다.

2000년대 초, 미국에서 〈아메리칸 아이돌〉, 영국에서 〈브리티시 갓 탤런트〉와 같은 오디션 프로그램이 등장하며 전 세계적으로 오디션 프로그램 열풍이 불었어요. 이와 더불어 미국에서는 오디션 프로그램의 변형인 서바이벌 프로그램이 제작되었죠. 열다섯 명의 일반인이 섬에 들어가 생존 경쟁을 펼치는 프로그램으로, 최후의 생존자 1인에게 100만 달러의 상금을 주는 형식이었죠. 한국에서도 서바이벌 프로그램이 제작되었고, 특히 오디션 프로그램과 결합한 서바이벌 오디션 프로그램이 등장하며 예능 프로그램의 영역이 확장되기 시작했어요. 개인적으로 한국의 오디션 프로그램은 외국보다 늦게 시작되었지만, 현재는 그 완성도가 훨씬 뛰어나다고 생각합니다. 특히 참가자 개개인의 감정을 섬세하게 다루는 연출 능력은 타 국가의 연출진보다 월등히 뛰어나다고 판단됩니다.

오늘날의 예능 프로그램은 리얼 버라이어티뿐만 아니라 관찰 예능, 여행 예능, 그리고 〈윤식당〉과 같은 독특한 콘셉트의 프로그램까지 다양하게 제작되고 있죠. 전 세계적으로 봤을 때, 한국만큼 예능 프로그램의 다양성이 뛰어난 나라는 없을 거라는 생각이 듭니다.

편 방송과 예능의 역사가 거의 일치하네요.

신 그렇게 볼 수 있습니다. 예능 프로그램은 인간의 감정을 즉각적으로 다루기 때문에 그러한 경향이 있는 것으로 보입니다. 또한, 드라마나 보도 등 다른 방송 프로그램 장르에 비해 확장성이 크죠. 방송 기술 발전과의 연관성 또한 깊고요. 예를 들어, 1980년대 ENG 카메라가 등장하면서 야외 촬영을 기반으로 하는 예능 프로그램이 생겨났어요. 현재 가장 주목받는 기술 발전은 인공지능^{AI}이며, AI를 활용한 예능 프로그램이 곧 등장할 것으로 예상됩니다. 앞으로도 기술 발달과 함께 예능 프로그램의 새로운 장르가 지속적으로 생겨날 거예요.

<윤식당> 포스터, 2017년 tvN에서 방송된 해외에서 한식을 판매하는 프로그램입니다.

예능 프로그램의 목적은 무엇인가요?

 예능 프로그램의 목적은 무엇인가요?

 시청자에게 재미를 선사하는 것이 예능 프로그램의 목표
예요. 시청자에게 웃음과 감동을 동시에 안겨주며, 화면에서
눈을 뗄 수 없도록 몰입시키는 것이 예능PD들의 가장 중요한
과제죠.

"재미있게 만들어라."
"재미있게 만드는 게 제일 중요하다."

여기서 '재미'는 단순히 웃음을 의미하는 것이 아니에요. 시
청자의 시선을 사로잡아 몰입을 유지하는 것, 이것이 제가 생
각하는 예능 프로그램의 진정한 목표입니다. 이를 위해서는
'재미'가 어디에서 비롯되어, 어떻게 확장되는지 정확히 파악
해야 해요. 가장 중요한 요소는 시청자의 공감과 꿈입니다. 공
감은 현실과의 접점에서 발생해요. 우리가 일상생활에서 경험
하는 미소, 웃음, 눈물, 슬픔, 질투, 분노 등 모든 감정이 공감의
요소가 될 수 있으며, 이러한 감정들이 재미를 구성하는 핵심
축을 이루죠.

또 다른 요소는 '꿈'입니다. 꿈은 현실에서는 이루어지지 않지만 언젠가 이루고 싶은 소망을 의미합니다. 집이 수리되거나 멋진 이성이 생기거나 뜻밖의 행운이 찾아오는 등의 엉뚱한 상상이 현실과 절묘하게 어우러져 '재미'를 만들어내죠. 하지만 단순히 공감과 꿈만으로 콘텐츠를 제작할 수는 없습니다. 이러한 요소들은 단지 소재로서의 재미를 제공할 뿐이며, 시청자를 지속적으로 붙잡아두는 힘은 콘텐츠에 대한 궁금증에서 나오죠. 이러한 궁금증은 재미를 꾸준히 증폭시키는 요

일본 후지TV 1층 로비, 일본 방송사는 1층부터 재미를 추구하는 공간으로 가득하며, 모든 곳을 견학할 수 있도록 개방해 놓았습니다.

소가 되고요. 방송 제작진 사이에서는 이를 '구성력'이라고 부릅니다. 예능 프로그램에서 가장 많이 사용되는 자막인 '과연'은 시청자의 시선을 지속적으로 붙잡아두는 대표적인 장치입니다. 이 모든 요소가 '재미'를 구성하는 데 중요한 역할을 합니다.

예능 프로그램은
어떤 과정으로 만들어지나요?

편 예능 프로그램은 어떤 과정으로 만들어지나요?

신 프로그램 제작 과정은 크게 다음과 같은 순서로 진행됩니다.

•기획

모든 프로그램은 기획 단계를 거쳐 제작됩니다. 기획은 프로그램의 시작점이자 가장 중요한 과정입니다. 기획 시 고려해야 할 사항은 다음과 같습니다.

- 연출자로서 나는 어떤 프로그램을 만들고 싶은가?

- 최근 유행하는 트렌드는 무엇인가?

- 해외에는 어떤 형식(포맷)의 프로그램이 있는가?

- 나에게 주어진 방송 편성 시간은 어느 요일, 어느 시간대인가?

  (예: 일요일 오후 6시 편성, 일요일 밤 11시 편성 프로그램은 디를 수밖에 없다.)

- 어느 정도의 예산으로 제작 가능한가?

▲ 위의 요소들을 종합적으로 고려하여 제작할 프로그램을 결정합니다.

Mnet <더 마스터-음악의 공존> 기획안

Mnet 국장 시절 기획한 <퀸덤> 로고, 기획은 현업 PD들이 가장 많은 의견을 내지만, CP나 국장과의 협업을 통해 아이디어를 기획하기도 합니다.

● **프로그램 구성**

1. 형식: 스튜디오 녹화 (ST) + 야외 촬영 (ENG)

2. 일정:

　　스튜디오 녹화: 10월 18일 (수)부터 매주 진행

　　방송: 11월 17일 (금) 오후 8시 (75분)

3. 진행자: 윤도현

4. 핵심 내용: 클래식, 국악, 대중가요, 재즈, 록 밴드, 뮤지컬, 인디 록 등 각 음악 장르를 대표하는 가수들의 무대

● **프로그램 기본 구성**
- 회차별 주제 제시 후, 음악을 통해 주제에 대한 답을 제시하는 형식 (예: 운명, 시대, 사랑, 영화와 나 등)
- 프로그램 구성상 경연 결과 일부 공개 (1위만 발표, 1~6위 순위 발표 및 탈락자 없음)
- 일반인 관객 평가단 300명 참여

출연자 현황
클래식: 임선혜(소프라노), 김우경(테너)
국악: 왕기철 명창, 장문희 명창
대중가요: 최백호, 박정현, 이승열
재즈: 윤희정, 김광민 교수
Rock Band: 이승환, 크라잉 넛
뮤지컬: 최정원, 박은태, 신영숙

장르별 출연자는 2~3명으로 출연자당 3~4회 공연

•캐스팅

캐스팅은 프로그램 제작에 필요한 모든 인력을 계약하는 과정입니다. PD는 출연자부터 촬영 스태프, 작가까지 캐스팅 전반에 대한 권한을 갖습니다. (단, 주어진 예산 범위 내에서 진행해야 합니다.)

A. 출연자 캐스팅

• 연예인 캐스팅

일반적으로 해당 연예인의 매니저와 접촉하여 프로그램에 대한 설명을 진행하고, 스케줄 및 출연료 등을 협의한 후 확정합니다. 연예인 출연료는 시장 원리에 따라 결정되며, 대중적 인기가 높은 연예인은 출연료가 높을 뿐만 아니라 기존에 출연하는 프로그램이 많아 스케줄 조정이 쉽지 않습니다. 하지만 적절한 캐스팅은 프로그램 성공의 핵심 요소이므로, 필요한 연예인의 경우 스케줄에 맞춰 제작진 전체가 기다리는 경우도 발생합니다. 한국에서는 연예인과 PD 간의 친분이 남아 있어 우정 출연하는 경우도 있지만, 미국이나 중국의 경우 철저히 비즈니스 관계로 출연이 결정됩니다.

- **MC 캐스팅**

프로그램에 따라 MC가 필요한 경우, 연예인을 MC로 섭외합니다. MC는 시청자에게 정보를 전달하는 데 중요한 역할을 하므로, 프로그램의 콘셉트와 분위기에 적합한 MC를 캐스팅하는 것이 중요합니다. 내레이션을 담당하는 성우 또한 프로그램의 성격에 맞춰 캐스팅합니다.

- **일반인 캐스팅**

최근 일반인 출연 프로그램이 증가하는 추세입니다. 특히 일반인 출연자는 프로그램의 콘셉트에 맞춰 정확하게 캐스팅하는 것이 중요합니다. 일반인의 경우 정보가 부족한 경우가 많으므로, 인터넷이나 모바일 접수를 통해 지원자를 모집하는 경우가 많습니다. 서바이벌 프로그램이나 데이팅 프로그램처럼 일반인이 주인공인 경우에는 제작진의 심층 면접을 통해 출연자를 선발하기도 합니다.

B. 스태프 캐스팅

프로그램 제작에는 카메라 앞에 서는 출연자뿐만 아니라 뒤에서 지원하는 스태프들의 역할 또한 중요합니다. 이들을 통칭하여 '스태프'라고 부르며, 그중에서도 작가와 PD를 '연출진'

이라고 합니다.

주요 스태프의 역할은 다음과 같습니다.

- 작가: 프로그램 연출진으로 아이디어 기획 및 구성
- 카메라맨: 스튜디오 카메라 및 ENG 카메라 촬영
- 음악/효과: 편집 시 효과음 및 배경 음악 선곡
- 동시녹음: 촬영 현장의 소리 녹음
- 조명감독: 스튜디오 및 야외 촬영 시 조명 연출
- 미술감독: 스튜디오 세트 디자인 담당
- 특수효과(컴퓨터 그래픽 등): 자막, 컴퓨터 그래픽, 야외 촬영 시 특수효과 담당

•사전 답사 및 무대 구성

예능 프로그램은 크게 야외 촬영 프로그램과 스튜디오 녹화 프로그램으로 나눌 수 있습니다. 야외 촬영 프로그램은 주요 촬영이 야외에서 이루어지는 프로그램을 말하며, KBS 〈1박 2일〉, MBC 〈무한도전〉, tvN 〈텐트 밖은 유럽〉 등이 대표적입니다. 방송가에서는 이를 ENG 프로그램이라고도 합니다.

<1박 2일> 포스터, <무한도전>과 함께 대한민국 야외 버라이어티 붐을 일으킨 KBS의 대표적인 예능 프로그램입니다.

<텐트 밖은 유럽> 포스터

재미있게 살고 싶다면
예능PD

반면 스튜디오 녹화 프로그램은 방송사 스튜디오 내에서 녹화하는 프로그램을 말합니다. Mnet 〈너의 목소리가 보여〉, MBC 〈나는 가수다〉, 〈복면가왕〉 등이 대표적인 스튜디오 녹화 프로그램입니다.

야외 촬영의 경우, 본 녹화에 앞서 연출진(PD, 작가)과 촬영 스태프(촬영감독, 조명감독 등)가 사전 답사를 통해 촬영 현장의 상황을 파악하고, 그 결과에 따라 대본을 수정하기도 합니다. 스튜디오 녹화 프로그램의 경우, 세트 디자인부터 조명 설치까지 무대 제작을 사전에 의뢰하여 녹화일에 맞춰 완료해야 합니다.

해외의 경우 야외 촬영이 매우 어렵습니다. 촬영은 일반 시민의 통행에 불편을 줄 수 있으므로, 사전에 허가를 받지 않으면 촬영 자체가 불가능합니다. 다만, 해당 국가의 홍보 및 관광 유치를 목적으로 제작되는 간단한 방송 프로그램의 경우 예외적으로 허가를 받을 수 있습니다. 한국은 시민들이 방송에 비교적 관대한 편이라 야외 촬영이 용이한 국가로 꼽힙니다. 하지만 야외 촬영 시 방송사에서 섭외한 출연자 외 일반인의 경우 초상권이 존재하므로, 방송사 연출진은 개인으로부터 초상권 사용 허락을 받아야 합니다. 허락을 받지 못할 경우, 해당 인물의 얼굴을 모자이크 처리해야 합니다. TV 프로그램에서

<복면가왕> 포스터

스튜디오 녹화 무대 세트장

재미있게 살고 싶다면
예능PD

거리 촬영 장면의 배경에 모자이크 처리된 사람들을 볼 수 있는데, 이는 대부분 초상권 허락을 받지 못한 상황에 해당합니다.

•녹화

녹화에 앞서 연출진(PD, 작가)은 출연자들과 충분한 회의를 거칩니다. 대본 작성 및 시뮬레이션을 통해 녹화 목적에 맞는 예행연습을 진행합니다.

방송은 크게 녹화 방송과 생방송으로 나뉩니다. 생방송은 실시간으로 방송되는 것으로, 뉴스 및 스포츠 경기 등이 대표적입니다. 예능 프로그램의 경우 음악 쇼 프로그램에서 생방

😝 ENG 카메라, 1990년대 처음 보급되기 시작하여 뉴스, 예능, 드라마 프로그램 등 다양한 분야에서 폭넓게 활용되었습니다.

송을 하는 경우가 많습니다. 야외 녹화는 지정된 장소에서 연예인 및 일반인 출연자들이 참여한 가운데 진행되며, PD는 전체 상황을 통제하며 녹화를 진행합니다. 녹화 전 출연자 및 스태프는 대본 내용을 충분히 숙지해야 합니다.

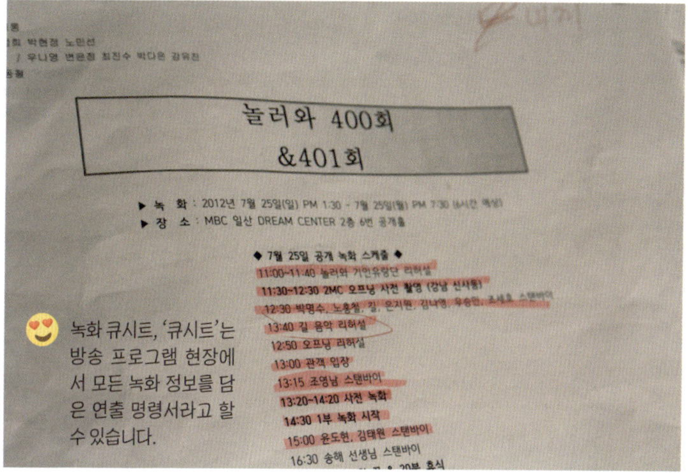

녹화 큐시트, '큐시트'는 방송 프로그램 현장에서 모든 녹화 정보를 담은 연출 명령서라고 할 수 있습니다.

최근 예능 프로그램의 재미를 구성하는 핵심 요소 중 하나는 '의외성', 즉 '돌발성'입니다. 〈무한도전〉과 같은 리얼 버라이어티 프로그램이 인기를 끌면서, 출연자들이 대본에 맞춰 행동하기보다는 개인의 개성과 상황에 따라 예측 불가능하고 개성 넘치는 행동을 보여주는 상황을 시청자들이 선호하게 되었습니다. 이에 따라 프로그램 캐릭터의 '의외성'이 매우 중요

😮 야외 촬영 현장

😮 스튜디오 녹화 현장 중계차, 스튜디오 녹화는 일반적으로 부조에서 진행하며, 부조는 방송사 스튜디오와 연결되어 있습니다. 하지만, 야외 운동장이나 야외 세트장처럼 연결이 어려운 경우에는 중계차를 이용하여 임시 부조를 설치하고 녹화합니다.

스튜디오 녹화 현장

재미있게 살고 싶다면
예능PD

하게 여겨지고 있습니다. 대부분의 리얼 버라이어티 프로그램은 대본이 존재하지만, 대본에는 프로그램의 흐름만 제시될 뿐 출연자들의 구체적인 대사나 행동까지는 지시하지 않습니다. 따라서 리얼 버라이어티 프로그램에서는 대본대로 녹화된 방송을 가장 실패한 녹화로 간주합니다.

예를 들어, 녹화 중 갑작스러운 폭우나 교통 체증, 약속 불이행과 같은 돌발 상황이 발생해야 시청자들은 더욱 생생한 재미를 느낄 수 있습니다. 이러한 경향은 예능 프로그램의 역사와 관련이 있습니다. 방송 초기에는 코미디나 음악 쇼 프로그램이 정해진 대본과 음악에 맞춰 제작되었기 때문에 예상 가능한 수준의 재미를 제공했습니다. 하지만 방송 기술이 발전하면서 등장한 리얼 버라이어티 콘텐츠는 이러한 의외성을 통해 더욱 폭넓은 현실 공감대를 형성하며, 시청자들이 예능 프로그램의 재미를 자기 삶과 밀접하게 연결하여 느낄 수 있도록 합니다.

•편집

녹화 후 진행되는 후반 작업Post-Production은 재미있는 부분을 선별하여 더욱 흥미로운 효과를 추가하는 과정입니다. 자막 삽입부터 내용에 적합한 음악 선곡까지, 다양한 작업이 포함

됩니다. 최근 예능 프로그램에서 편집 작업의 중요성은 더욱 커지고 있습니다. 촬영 원본은 그다지 재미있지 않더라도, 편집을 통해 흥미로운 상황으로 연출되는 경우가 많습니다. 특히 '리액션' 장면이 두드러지는데, 녹화 시에는 발언자 위주로 집중하느라 모든 출연자의 표정을 포착하기 어렵습니다. 하지만 편집 과정에서 다양한 표정을 확인하고, 당황하거나 다른 곳을 응시하는 출연자들의 표정에 자막이나 음악을 삽입하여 재미를 극대화합니다. 따라서 편집은 후반 작업에서 가장 많은 시간이 소요되는 단계입니다. 60분 분량의 방송을 위해 서너 명의 PD가 사나흘 동안 편집 작업에 매달립니다. 이처럼 PD들의 뛰어난 편집 능력은 한국 예능 프로그램의 경쟁력을 높이는 가장 중요한 요소라고 생각합니다.

•심의

　방송법에 따라 모든 방송 프로그램은 사전에 심의를 받아야 하며, 심의 결과에 따라 시청 등급(12세, 15세, 18세, 전체 관람가 등)이 결정됩니다. 다만, 생방송 프로그램은 사전 심의가 불가능하므로, 사전에 제출된 대본으로 심의를 대신합니다. 최근 청소년들이 많이 시청하는 유튜브 등 SNS 영상은 방송 심의 체계와는 다른 기준으로 심의를 받습니다. 전통적인 방송 매체에 적용되는 심의 기준이 SNS 영상보다 더 엄격하다고 볼 수 있습니다.

•방송

　약속된 편성 시간에 맞춰 방송을 송출합니다. 일반적으로 60분 프로그램의 경우, 광고는 1/10인 6분까지 편성할 수 있습니다. 인기 프로그램은 광고가 완판되지만, 인기가 낮은 프로그램은 광고 판매에 어려움을 겪기도 합니다. 2000년대까지 방송 시장은 광고 수익에 크게 의존했으나, 2010년대부터 인터넷 및 모바일 미디어 보급과 함께 TV 광고 외 다양한 플랫폼을 통한 콘텐츠 판매 수입이 증가하는 추세입니다. 최근에는 해외 포맷 판매 사용료 또한 증가하는 추세입니다.

tvN 시청률 표 샘플

방송시간	tvN	20-49		가구	
		시청률	점유율	시청률	점유율
00:51-02:07	휴게소에서만나는인연자리있나요	0.283	3.3	0.920	4.4
02:24-03:27	월화드라마(크로스)	0.292	6.6	0.375	3.4
03:37-04:39	월화드라마(크로스)	0.110	3.9	0.357	4.7
04:40-05:53	글로벌심쿵로맨스사랑도통역이되나요	0.022	1.1	0.082	1.0
06:01-07:04	돌아이어티슈퍼TV	0.000	0.0	0.085	0.7
07:17-08:31	비밀의정원나도몰랐던나	0.152	2.8	0.410	1.6
08:53-10:10	휴게소에서만나는인연자리있나요	0.587	5.0	1.515	3.4
10:27-11:48	너의목소리가보여5	0.644	3.9	1.273	2.6
12:10-13:42	가라치코2호점윤식당	0.852	5.3	2.428	5.2
14:05-15:36	가라치코2호점윤식당	0.791	5.3	3.026	6.6
15:57-17:46	가라치코2호점윤식당	1.526	9.4	3.331	6.7
18:06-19:19	화유기	0.626	3.1	1.190	2.0
19:39-20:56	서울메이트글로벌홈셰어<본>	0.768	3.0	1.383	2.1
21:08-22:25	화유기<본>	2.851	9.7	3.356	4.7
22:40-23:43	TVN특선영화공조-1부<본>	1.717	5.7	2.714	4.1
23:57-25:01	TVN특선영화공조-2부<본>	2.265	11.1	3.419	7.8
25:17-25:59	화유기	0.909	8.9	0.870	3.9
전시간대 (06:00-25:00)		0.966	5.6	1.878	3.8
오전 (06:00-12:00)		0.340	3.6	0.765	2.2
낮 (12:00-17:00)		0.869	5.6	2.569	5.5
오후 (17:00-25:00)		1.496	6.1	2.281	3.7
핵심시간대 (17:00-24:00)		1.381	5.5	2.111	3.3

•시청자 의견 및 피드백

방송 후에는 시청자 게시판이나 모니터 요원의 의견을 수렴하여 미흡한 점을 파악하고 다음 회 녹화를 준비합니다. 시청률 및 디지털 지수 역시 중요한 피드백 자료로 활용됩니다. 전문 시청률 조사 기관에서 제공하는 시청률 분석표는 전체 시청률뿐만 아니라, 분당 시청률을 통해 방송 시간대별 시청률 변화 추이를 분석한 자료도 포함합니다. 이러한 데이터를 바탕으로 시청률이 가장 높았던 순간을 파악하고, 해당 수치를 중심으로 다음 회 구성 회의를 진행하여 재미 요소를 발굴합니다.

프로그램 수입과 지출이 궁금합니다.

편 프로그램 제작 비용, 방송 수익 등 수입과 지출 내용이 궁금합니다.

신 프로그램 제작 비용은 프로그램에 따라 천차만별이에요. 뉴스, 스포츠 등 모든 프로그램 제작에는 비용이 들죠. 프로그램 제작비는 일반적으로 국민 소득 수준에 비례하여 증가하는 경향이 있고, 이는 전 세계적인 현상이에요. 1995년 MBC 입사 당시와 현재를 비교해 보면, 편당 방송 제작비가 세 배 이상 상승한 것 같아요. 당시에는 프로그램 제작에 약 3천만 원이 들었지만, 현재는 1억 원 정도가 필요해요. 이는 상당한 상승 폭이죠. 최근 예능 프로그램의 경우, 회당 제작비가 5천만 원에서 2억 원에 이르는 경우도 있어요.

편 제작비가 가장 많이 들어가는 프로그램은 어떤 건지 궁금해요.

신 예능 프로그램 중에서는 오디션 프로그램의 제작비가 가장 많이 들어요. 제작비는 시각적으로 보이는 규모와 비례하는 경향이 있는데, 오디션 프로그램은 출연 인원이 많기 때문에 제작비가 증가하죠. 반면, 상대적으로 규모가 작은 토크쇼는 제작비가 가장 적게 들어요. 대부분의 지상파 프로그램은 회당 1억 원에서 2억 원 정도의 제작비를 사용하는 것 같아요.

 그럼 수입은요?

 방송 수입의 대부분은 광고 수익이에요. 시청률이 높은 프로그램은 광고가 완판되어 제작비 이상의 수익을 얻지만, 시청률이 낮은 프로그램은 광고 판매가 부진하여 손실을 보는 경우도 있어요. 과거에는 방송사가 광고 수익에 크게 의존했지만, 현재는 유튜브, OTT 등 다양한 플랫폼의 등장으로 광고 수익 비중은 점차 감소하고 있습니다. 그러나 다양한 플랫폼을 통해 콘텐츠를 유통하면서 새로운 수익 모델이 생겨났어요. IPTV나 모바일 플랫폼에 콘텐츠를 판매하거나 해외에 판매하는 방식으로 다양한 수입을 창출하고 있죠. 이러한 유통 수입은 아직까지 방송 광고 수입만큼 크지는 않지만, 점차 비중이 증가하는 추세입니다. 최근에는 콘텐츠 자체의 판매 수익도 증가하고 있어요. 〈무한도전〉과 같이 인기 있는 프로그램의 경우, 특정 회차나 시리즈를 묶어 유료 콘텐츠로 판매하는 것이 가능하죠. 넷플릭스Netflix는 방송 콘텐츠를 유료로 제공하는 플랫폼을 세계 최초로 상업화하여 새로운 시장을 개척했어요. 과거에는 무료로 시청했던 방송 콘텐츠를 이제는 시청자들이 직접 비용을 지불하고 시청하는 시대가 된 것입니다.

편 광고 완판이라는 게 무슨 말이죠?

신 우리나라는 TV 광고 단가가 법적으로 정해져 있는 몇 안 되는 국가 중 하나예요. 미국 등 다른 국가들은 광고 단가를 자유롭게 경쟁 입찰 방식으로 결정해요. 예를 들어, 미국 슈퍼볼 결승전 광고는 최고가를 제시하는 기업의 광고가 방영되는 방식으로, 상상을 초월하는 금액으로 거래되죠. 한국의 경우 가장 인기 있는 프로그램의 15초 광고 단가가 최고 3~4천만 원 정도로 제한되어 있어요. 이는 경제 규모에 비해 상당히 낮은 금액이죠. 방송법에 따라 프로그램 방영 시간의 10%까지 광고를 편성할 수 있어요. 70분짜리 프로그램의 경우 7분까지 광고를 내보낼 수 있고, 15초 광고 28개를 판매할 수 있는 거죠. 광고 단가를 3천만 원으로 가정했을 때 광고가 완판되면 프로그램당 광고 수입은 8~9억 원 정도가 되는 거예요. 만약 어떤 예능 프로그램 제작에 간접비 포함 총 4억 원이 들어갔다면, 광고 완판 시 방송사는 3억 원 정도의 이익을 얻게 되는 거죠. 이처럼 광고 시간이 모두 판매된 상태를 '광고 완판'이라고 해요.

 완판이 안 되는 경우도 많죠?

 과거에는 방송사에서 제작한 프로그램은 무조건 완판이었던 시절도 있었어요. 제가 입사했던 1995년부터 1997년까지는 모든 프로그램의 광고가 완판되었죠. 하지만 IMF 이후 상황은 완전히 달라졌어요. 방송사 증가와 케이블 TV 등장으로 채널과 프로그램 수가 급증하면서 경쟁이 치열해졌어요. 이에 따라 광고주들은 시청률이 높은 프로그램에만 광고를 편성하게 되었고, 방송 프로그램에도 시장 원리가 적용되기 시작했죠.

드라마의 경우 회당 제작비가 5억 원이 넘는 경우가 많지만, 광고는 프로그램당 두세 개밖에 팔리지 않는 경우가 많아 엄청난 손해를 보는 경우가 많아요. 완판은커녕 광고가 하나도 팔리지 않는 경우도 있어요. 뉴스 프로그램이나 교양 프로그램의 경우 드라마나 예능에 비해 시청률이 낮기 때문에 광고 판매가 저조한 경우가 많아 방송사 입장에서는 손해를 보는 경우가 많죠. 따라서 방송사의 경영 전략은 인기 예능이나 드라마로 수익을 창출하여 교양 및 시사 프로그램의 손실을 보충해 주는 시스템이에요. 방송은 유튜브나 OTT와 달리 공익적 목적을 가지고 있기 때문이죠. 사람들에게 필요한 정보와 사실을 전달하고 교육적 목적을 수행해야 하는 공익성이 방송

비드라마 TV 화제성 TOP10 — 2022년 1월 1주차

순위	방송사	프로그램명	점유율	순위증감	
1	TV CHOSUN	미스터트롯2	6.85	▲	2
2	MBC	나 혼자 산다	4.68	–	0
3	ENA PLAY/ SBS Plus	나는 SOLO	3.96	▲	2
4	tvN	유 퀴즈 온 더 블럭	3.67	–	0
5	SBS	런닝맨	3.34	▲	2
6	MBN	불타는 트롯맨	3.20	–	0
7	MBC	라디오스타	1.92	▲	9
8	MBC	놀면 뭐하니?	1.88	–	0
9	KBS2	신상출시 편스토랑	1.83	▲	2
10	JTBC	최강야구	1.79	▲	5

TV-OTT 통합 화제성 비드라마/시리즈 부문 — 2022년 1월 1주차

순위	방송사/OTT	프로그램명	점유율	순위증감	
1	TV CHOSUN	미스터트롯2	6.14	▲	2
2	MBC	나혼자산다	4.19	–	0
3	ENA PLAY/SBS Plus	나는 SOLO	3.54	▲	2
4	Netflix	솔로지옥2	3.36	▲	4
5	tvN	유 퀴즈 온 더 블럭	3.29	▽	1
6	SBS	런닝맨	2.99	▲	3
7	MBN	불타는 트롯맨	2.87	▽	1
8	카카오페이지	소녀리버스	2.67	NEW	
9	쿠팡플레이	SNL 코리아 시즌3	2.30	▽	2
10	MBC	라디오스타	1.72	▲	9
11	MBC	놀면 뭐하니?	1.68	–	0
12	KBS2	신상출시 편스토랑	1.64	▲	2
13	JTBC	최강야구	1.60	▲	5
14	JTBC	아는 형님	1.47	▲	9
15	KBS2	불후의 명곡	1.45	▲	11
16	tvN	놀라운 토요일	1.28	▽	1
17	SBS	골 때리는 그녀들	1.21	▽	5
18	MBC	태어난 김에 세계일주	1.18	▲	9
19	채널A	요즘 육아 금쪽같은 내 새끼	1.14	▲	42
20	JTBC	비긴어게인 - 인터미션	1.08	NEW	

조사기준 - 굿데이터코퍼레이션
조사대상 - TV비드라마 176편 / OTT시리즈 12편

화제성 지수, 유튜브와 OTT 등 새로운 미디어가 등장하면서 시청률만으로는 측정하기 어려운 영역에 대한 지표를 개발했습니다.

사에는 광고 수입만큼 중요합니다.

　과거에는 방송사 수입의 대부분을 광고가 차지했지만, 현재
는 그 비중이 점차 줄어들고 콘텐츠 판매액이 증가하는 추세
예요. 예능 프로그램의 경우, 과거 MBC 〈무한도전〉처럼 콘텐
츠 판매뿐만 아니라 캐릭터 상품이나 달력 등 다양한 부가 사
업을 통해 높은 수익을 올리는 사례가 등장했어요. 이는 방송
콘텐츠의 확장 가능성을 보여주는 하나의 예라고 생각해요.
또한, 한국 예능 프로그램 콘텐츠는 해외, 특히 중국이나 동남
아 국가에서 인기를 끌며 판매량이 증가하고 있어요. 프로그
램 포맷 판매뿐만 아니라 프로그램 자체를 판매하는 경우도
많아지면서 해외 판매 수입이 점차 증가하고 있죠. 여기에는
K-POP의 글로벌한 인기 역시 큰 영향을 미치고 있습니다.

편　방송사에서는 광고주가 중요한 고객이죠?

신　방송 콘텐츠는 광고주와 밀접한 관계를 맺고 있어요. 광고
주가 가장 선호하는 시청층은 15~34세, 또는 20~49세 연령대
로, 구매력이 가장 높은 세대예요. 광고주들은 이들이 가장 많
이 시청하는 프로그램에 광고를 편성하려 해요. 최근 TV는 올
드Old 미디어 또는 레거시Legacy 미디어로 인식되며, 주로 중장
년층이 시청하는 매체로 여겨지고 있어요. 젊은 세대는 모바

일 기기를 선호하는 경향이 있어, 기존 시청률 대신 디지털 지수나 화제성 지수 등 모바일 기반 데이터를 통해 젊은 시청층의 선호도를 파악하는 것이 중요해졌죠. 모바일 광고 시장은 급속도로 성장하고 있고, 미디어 환경이 급변함에 따라 광고주들은 마케팅 전략에 맞춰 매체를 선택해요. 중장년층을 타깃으로 하는 상품의 경우 TV 광고를 선호하고, 젊은 세대를 타깃으로 할 경우 모바일 광고를 우선시하는 경향이 나타나죠.

유튜브와 OTT 예능, 지상파 예능은 무엇이 다른가요?

[편] 유튜브와 OTT 예능, 지상파 예능은 어떤 특징을 갖고 있나요? 공통점과 차이점이 궁금합니다.

[신] 기본적으로 콘텐츠 자체의 형식이나 포맷 등에서는 유튜브, 넷플릭스, 지상파 예능 사이에 큰 차이가 없다고 볼 수 있습니다. 유튜브나 넷플릭스 등에서도 코미디나 버라이어티 예능 프로그램이 존재하니까요. 하지만 내용적인 면에서는 차이가 큽니다. 가장 큰 이유는 심의 기준 차이 때문이라고 생각해요. 지상파 예능의 경우 심의 기준이 가장 엄격합니다. 방송 내용에 대한 사전 심의가 존재하고, 12세, 15세, 19세 등 연령별 시청 기준이 있을 뿐만 아니라 국민 정서에 반하는 내용은 담을 수 없습니다. 이러한 지상파 콘텐츠에 대한 심의는 우리나라뿐만 아니라 대부분의 국가에서 시행하는 정책입니다. 전 세계적으로 지상파 방송사는 사회 공적 재산인 전파를 사용하기 때문에 공익적인 책임을 지고 있습니다. 반면 유튜브나 OTT는 심의 기준이 상대적으로 약합니다. 유튜브의 경우 수많은 창작자가 콘텐츠를 업로드하기 때문에 사전 심의가 불가능합니다. 대신 신고가 접수될 경우, 심의를 진행합니다. OTT

는 유료 시청 시스템이므로 연령 제한에 따른 심의를 진행합니다. 이러한 심의 기준 차이가 내용적인 차이를 만들어냅니다. 유튜브가 가장 자유롭고, 그다음으로 OTT, 지상파 순으로 심의가 엄격하다고 볼 수 있습니다.

• 유튜브 예능

유튜브 예능은 현재 황금기를 누리고 있습니다. 가장 큰 특징은 누구나 유튜브에서 창작자가 될 수 있다는 점입니다. 극단적으로 말하면 전 세계 인구 70억 명이 유튜브 창작자가 될 수 있는 셈이죠. 하지만 높은 조회수를 기록하지 않는 한 수익 창출은 어렵습니다. 유튜브 콘텐츠만으로 경제적 이익을 얻기는 쉽지 않습니다. 예를 들어, 조회수 1회당 약 1원의 수익이 발생하는데, 100만 조회 수가 발생해도 수익은 100만 원에 불과하죠. 그러나 100만 조회수를 달성하기 위해서는 인건비나 촬영 원가 등이 훨씬 많이 소요되는 경우가 많습니다. 따라서 유튜브 예능은 기업이나 방송사 등 단체가 주력으로 삼기보다는 개인에게 의존하는 경우가 많습니다. 대표적인 예로 '먹방' 콘텐츠의 경우 대부분 1인 창작자가 출연, 연출, 편집까지 담당합니다. 하지만 유튜브는 수익적인 측면 외에도 전 세계 시청자를 대상으로 콘텐츠 마케팅이나 프로모션 수단으로 활용될 수 있습니다. K-POP 아이돌 가수의 경우 글로벌 팬들의 관심과 참여를 유도해야 하는데, 유튜브의 무료 콘텐츠는 가장 빠르고 효과적으로 이를 달성할 수 있는 수단이 됩니다. '누구나 창작자가 될 수 있다.', '누구나 경제적 이익을 취할 수 있다.', '누구나 마케팅 수단으로 활용할 수 있다.'는 세 가지 장점이 공존하기 때문에 유튜브는 앞으로도 가장 영향력 있는 영상 콘텐츠 플랫폼으로 자리매김할 것으로 예상됩니다.

•OTT 예능

OTT 플랫폼은 유료 구독 기반 서비스입니다. 시청자들은 월정액을 지급하고 OTT 콘텐츠를 이용하는 시스템이므로, 수익을 내기 위해서는 유료 시청자들의 니즈를 충족시키는 것이 중요합니다. 지상파 방송의 공익적 목적과는 달리, OTT 플랫폼은 수익 창출을 최우선으로 고려합니다. OTT 플랫폼에서 수요가 가장 많은 콘텐츠는 영화나 드라마이지만, 제작비 효율성을 고려하여 예능이나 다큐멘터리 콘텐츠도 점차 증가하고 있습니다. 영화나 드라마에 비해 예능/다큐멘터리의 제작비가 저렴하기 때문이죠. OTT 예능 콘텐츠는 전 세계 시청자를 대상으로 제작되므로 언어 장벽을 극복해야 하며, 출연진의 유명세보다는 프로그램 포맷 자체의 경쟁력이 중요합니다.

<흑백요리사> 포스터

<피지컬: 100> 포스터

예를 들어, 국내에서는 인지도가 높은 유재석이나 신동엽과 같은 진행자도 미국 시청자들에게는 인지도가 낮을 수 있습니다. 물론 자막을 통해 언어 장벽은 점차 낮아지고 있지만, 인지도 문제는 여전히 존재하죠. 따라서 OTT 플랫폼에서는 일반인들이 출연하는 '포맷 중심적인 예능'이 많이 제작됩니다. 넷플릭스의 〈블랙리스트〉, 〈피지컬: 100〉 등이 대표적인 예입니다. 또한, 지상파보다 심의 기준이 완화되어 더욱 자극적인 소재의 예능 콘텐츠를 제작할 수 있고, 대규모 제작비를 투자하여 완성도 높은 예능 콘텐츠를 만들 수 있습니다. 이전 지상파 방송에서는 예산 문제로 시도하지 못했던 다양한 예능 콘텐츠 제작이 가능해진 것입니다.

우리나라 예능 프로그램의 경쟁력은 어떤가요?

편 우리나라 예능 프로그램의 경쟁력은 어떤가요?

신 자랑스럽게도 한국 예능 프로그램은 세계적으로 높은 수준의 경쟁력을 갖추고 있다고 생각해요. 해외 방송 제작자들이 한국 예능 프로그램의 제작 방식과 트렌드를 배우기 위해 방문하는 것만 봐도 알 수 있죠. 한국 시청자들은 예능 프로그램에 대한 기준이 높기 때문에, 일종의 '시험대' 역할을 한다고 볼 수 있어요. 그만큼 한국 예능 프로그램은 전 세계에서 가장 많이 발전한 분야라고 자부합니다.

편 시험대라고 하셨는데요, 그러기에는 우리나라 인구가 너무 적지 않나요?

신 5천만 명의 인구는 확실히 적은 편이죠. 일본 1억 2천만 명, 미국 3억 명, EU 5억 명에 비하면 더욱 그렇습니다. 하지만 적은 인구수에 비해 예능 프로그램 수는 상당히 많은 편이고, 채널 수도 많아요. 경제 규모가 비슷한 다른 나라와 비교해 보면 한국의 미디어 산업은 다소 기형적으로 발달했다는 생각도 들어요. 예를 들어, 콘텐츠 제작 기업의 수를 보면 지상파, 케이블 등 외국과 비교해도 상당히 많고, 티빙 등 글로벌 OTT에 맞설 수 있는 토종 OTT 플랫폼 역시 경쟁하며, 점차 글로벌 OTT로 발전하고 있다고 생각됩니다.

한국 시청자들이 '시험대' 역할을 하는 이유는 통신 환경이 세계적으로 가장 발달했기 때문에 유행 트렌드가 매우 빠르게 변하기 때문이에요. 아이돌의 인기 수명만 봐도 다른 나라 가수들보다 훨씬 짧은 것을 알 수 있어요. 미국은 한 아티스트가 히트곡 하나로 오랫동안 활동하는 시스템이지만, 한국은 끊임없이 새로운 스타를 만들어내는 시스템이죠.

한국 예능 프로그램의 가장 큰 특징은 출연 연예인들이 정말 '미친 듯이' 열심히 한다는 거예요. 미국에는 연예인이 출연하는 예능 프로그램이 거의 사라졌어요. 출연료를 감당할 수 없기 때문에 일반인이 출연하는 것이 일반적이죠. 미국의 경우 〈나는 가수다〉와 같은 프로그램을 제작하는 것은 상상하기 어려워요. 출연자들의 출연료를 맞출 수 없기 때문이에요. 하지만 한국 방송사는 그 정도 수준의 출연료를 지급할 수 있을 만큼의 제작비를 투자하죠.

편 미국이나 유럽은 연예인들이 TV에 안 나와도 그 일을 계속하는 게 가능한가요? TV에 나오는 게 연예인에게 가장 중요한 일 아니에요?

신 문화권에 따른 차이가 분명히 존재해요. 아시아 문화권에서는 연예인과 일반인의 심리적 거리가 비교적 가까운 편이에요. 방송을 통해 대중과 소통하고 인지도를 쌓는 것이 아시아 연예인들의 주요 활동 방식 중 하나죠. 유럽이나 미국의 경우에는 가수가 음반을 내고 공연 활동을 하는 것만으로도 충분히 성공을 거두고 인지도를 높일 수 있어요. 방송 출연에 크게 의존하지 않아도 활동이 가능한 라이브 공연 시장이 발달해 있기 때문이죠. 하지만 한국, 일본, 중국 등 아시아 문화권에서는 연예인이 방송을 통해 인지도를 쌓아야 음반 판매, 광고 출연, 행사 섭외 등으로 이어지는 경우가 많아요. 방송 활동이 곧 수익 창출과 직결되는 구조라고 볼 수 있죠.

편 예능 프로그램의 시장이 매우 크겠어요.

신 말씀하신 대로, 미국 대중문화의 중심에는 할리우드 Hollywood라는 거대한 문화 시장이 있어요. 할리우드는 수많은 콘텐츠를 생산하며 진 세계 대중문화 트렌드를 이끌고 있죠. 미국 외에 이와 유사한 역할을 할 수 있는 곳을 꼽자면, 아시아, 특히 중국을 중심으로 하는 문화 시장이라고 생각해요. 동북아시아와 동남아시아 인구를 합하면 대략 25억 명으로 추산돼요. 이는 단일 시장으로는 세계 최대 규모이고, 엄청난 잠

중국판 <나는 가수다> 포스터, 중국에 포맷 수출된 <나는 가수다>의 포스터로, 한국뿐만 아니라 중국에서도 큰 인기를 얻어 이후 한국 예능 프로그램 수출의 발판이 되었습니다.

미국판 <너의 목소리가 보여> 포스터, Mnet에서 제작한 독특한 포맷의 이 콘텐츠는 현재까지 전 세계 15개국 이상에 판매되며 최다 포맷 수출 기록을 보유하고 있습니다.

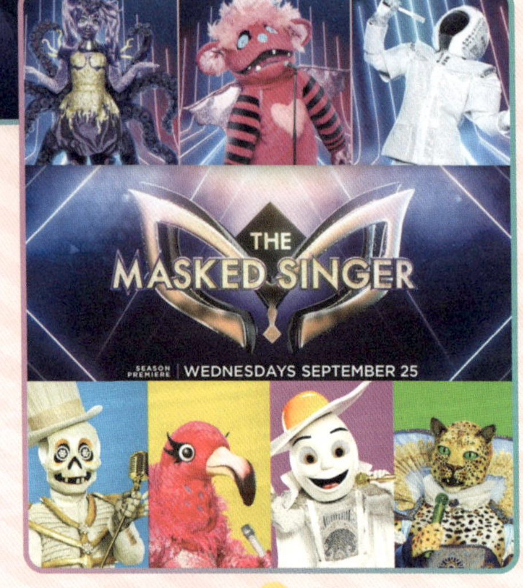

   미국판 <복면가왕> 포스터

재력을 가진 시장이죠. 지난 10년간 이 25억 명의 아시아 시장
에서 가장 인기 있는 콘텐츠는 한류, 즉 K-Culture였어요.

일본, 중국, 동남아시아 전역에서 K-POP과 드라마의 인기
가 단발성으로 끝나지 않고 지속되고 있어요. 한국 예능 프로
그램 역시 세계적으로 인기를 끌면서 중국 자본의 투자 또한
한국으로 계속 유입되고 있고요. 중국은 한국 방송 콘텐츠가
아시아 문화 시장의 주도권을 쥐고 있다고 판단한 거죠. 예능
콘텐츠 시장의 규모가 큰 것뿐만 아니라, K-POP 음악 시장과
연계되어 예능 콘텐츠 시장이 더욱 확대되고 있다고 보는 것
이 정확할 거예요.

편 예능 프로그램 제작에 투입되는 다양한 직업이 궁금해요.

신 역할에 따라 이야기해 보겠습니다.

•제작자

예능 프로그램 제작에 필요한 예산을 배정하고, 최종적인 재산권(콘텐츠 분야에서는 지식재산권이라고 합니다.)을 소유하는 사람을 말합니다. 방송사가 직접 제작할 때는 별도의 제작자가 존재하지 않습니다. 방송사가 곧 제작자이기 때문이죠. 따라서 예능 프로그램의 최종 결과물에 대한 모든 권리는 방송사가 소유하게 됩니다. 반면에, 외주 제작사가 제작할 때는 제작자가 필요한 예산을 마련하고, 프로그램 완성 후 방송사에 적절한 가격으로 판매하는 역할을 합니다. 이 경우 지식재산권은 방송사와 협의하여 나누는 것이 일반적입니다. 최근에는 외주 제작사의 비중이 점차 증가하는 추세입니다.

•작가

연출진의 일원으로서 다양한 아이디어를 제시하고 대본을

😍 <놀러와> 방송 당시 작가들. 예능 프로그램 작가들은 프로그램 규모에 따라 세 명에서 열두 명까지 다양하게 구성됩니다.

집필하는 역할을 담당합니다. PD는 콘텐츠 회사에 소속된 경우가 많지만, 작가는 프리랜서로 활동하는 경우가 많습니다. 드라마의 경우, 한 명의 메인 작가가 전체적인 대본 틀을 짜고, 그에 맞춰 자료 조사를 하는 보조 작가들이 있지만, 예능 프로그램은 PD와 작가들이 함께 아이디어 회의를 진행하고 집단 의사 결정을 하는 경우가 많습니다. 물론 최종 결성은 메인 PD가 내리지만, 그 과정에서 많은 논의를 거칩니다. 작가 사이에도 체계가 있습니다. 작가진 중 가장 높은 위계를 차지하는 메인 작가가 있고, 프로그램에 따라 맡은 역할이 달라지는 작가들이 있습니다. 보조 작가는 아이디어 회의에는 참여하지 않고, 자료 조사나 일반인 인터뷰 등을 담당하며, 작가로 성장하는 경우가 많습니다.

•카메라 스태프

  촬영을 담당하는 사람들입니다. 예능 프로그램의 경우, 한 번 녹화할 때마다 10~20명 정도의 카메라 감독들이 동원됩니다. 카메라를 얼마나 잘 잡느냐에 따라 역동적이고 재미있는 화면이 연출되기 때문에 카메라 스태프의 역할은 매우 중요합니다. 카메라에 담겨야 시청자들이 볼 수 있으므로, 그들은 카메라 앵글을 통해 최초로 콘텐츠를 접하는 시청자라고 볼 수

😮 스튜디오 카메라

🐱 야외 카메라 감독

🐱 스튜디오 카메라 스태프

도 있죠. 20명에 가까운 인원이 동원되는 이유는 출연자들의 동선을 모두 담고 표정을 세심하게 포착해야 하기 때문입니다. 이 중에서 촬영감독은 촬영 전 연출진과 긴밀한 회의를 통해 촬영 계획, 예상되는 문제점 및 시행착오 등에 대해 충분히 준비한 후 촬영 현장에 투입됩니다.

•조연출

메인 PD를 도와 다양한 연출 업무를 수행하는 PD를 말합니다. 일반적으로 방송사 입사 후 7년 차까지를 조연출[AD]이라고 부릅니다. 방송사에 처음 입사한 PD는 일반인과 크게 다르지 않기 때문에 숙련 기간이 필요한데, 이러한 숙련 과정에 있는 PD를 조연출이라고 합니다. 조연출은 촬영부터 편집까지 PD가 하는 모든 일을 돕는 역할을 합니다. 그중에서도 가장 중요한 일은 촬영 준비와 편집입니다. 특히 지상파 조연출의 업무 강도는 매우 높은 것으로 유명합니다. 이는 의사가 되기 위해 거치는 레지던트 과정이 힘든 것과 마찬가지로, 더 큰 일을 하기 위해 많은 업무 숙련과 책임감을 배우는 과정이라고 할 수 있습니다.

•조명팀

카메라는 빛을 이용하여 영상을 기록하는 장비이므로, 항상 일정량의 빛이 필요합니다. 낮에는 태양광이 충분하지만, 실내나 밤에는 인공적으로 빛을 만들어줘야 카메라로 영상을 녹화할 수 있습니다. 특히 드라마의 밤 촬영, 미세한 움직임 촬영, 클로즈업Close-Up 촬영 시에는 인위적인 조명이 필수적입니다. 이러한 조명 작업을 조명팀이 담당하며, 보통 서너 명이 팀을 이루어 움직입니다.

😮 조명 장비, 무대에 설치된 개별 조명을 원격으로 제어하는 조명 콘솔입니다.

•녹음팀

　조명팀이 빛에 대한 도움을 주는 팀이라면, 녹음팀은 소리
에 대한 도움을 주는 팀입니다. 녹음팀은 출연진의 대사나 각
종 소리를 방송이나 오디오를 통해 시청자들이 잘 들을 수 있
도록 소리를 녹음하여 카메라에 전달하는 역할을 합니다. 요
즘에는 카메라와 동시에 녹음하는 동시녹음 방식을 많이 사
용하지만, 필요에 따라 후시後時 녹음을 하는 경우도 있습니다.
후시 녹음은 오디오 효과를 높이거나 소리를 선명하게 만들기

음향 녹음팀, 음향 녹음팀은 현장의 오디오를 최대한 선명하게 수음하기 위해 무선 핀마이크
등을 사용하여 녹음하고, 이를 카메라에 기록합니다.

위해 출연자들이 녹음실에 다시 모여 대사나 효과음을 더빙하는 작업을 말합니다.

•의상팀

출연자들의 의상을 담당하는 팀입니다. 예능 프로그램에서는 '코디'라고도 불리고, 드라마나 영화에서는 의상팀이라고 부릅니다. 의상팀이 필요한 이유는 촬영 내용에 따라 필요한 의상이 다르기 때문입니다. 예를 들어, 조선시대 양반집이 배경이라면 현대 의상 대신 조선시대 의상이 필요하고, 시상식에서는 멋있는 슈트나 드레스가 필요하겠죠. 따라서 의상팀은 항상 촬영 내용을 숙지하고 있어야 하며, 연출팀은 촬영에 필요한 분위기의 의상을 의상팀에게 요청하여 준비하도록 합니다.

•세트 디자이너 & 소품팀

드라마만큼 비중이 크지는 않지만, 예능 프로그램에도 세트 디자이너와 소품팀이 존재합니다. 드라마의 경우 세트 디자이너는 각종 세트를 디자인하고 제작하며, 소품팀은 세트에 필요한 각종 소품을 담당합니다. 예능 프로그램에서도 이러한 역할이 필요하며, 특히 음악 쇼의 경우 화려한 조명과 함께

😮 미술 소도구팀

😮 촬영 현장 소도구팀

세트 디자이너의 역할이 매우 중요합니다. 어떤 무대에서 가수가 노래하느냐에 따라 영상의 화제성이 달라지기 때문이죠. 특히 K-POP 가수들의 무대나 외국 가수들의 무대 콘셉트 등이 유튜브 등에서 많은 호응을 얻고 있고, 미술을 전공하는 사람들 사이에서는 세트 디자이너라는 분야가 새로운 미술 분야로 각광받고 있다고 합니다.

•음악감독

예능 프로그램에서 음악감독은 촬영 후 '종합 편집' 단계, 즉 포스트 프로덕션Post-Production 과정에서 중요한 역할을 합니다. 100분가량 촬영한 영상을 30분 내외의 재미있는 부분으로 압축하여 시청자들에게 보여주는 과정을 포스트 프로덕션이라고 합니다. 이 과정에서 자막, 음악, 효과음 등을 추가하여 최종 결과물을 완성하므로, 매우 세심한 작업이 필요합니다. 음악감독은 포스트 프로덕션 과정에서 적절한 음악을 사용하여 콘텐츠의 몰입도를 높이거나 웃음을 유발하는 역할을 합니다. 드라마 음악감독은 OST와 같은 히트곡을 만드는 데 십중하는 반면, 예능 프로그램 음악감독은 이미 익숙한 음악을 적절한 장면에 삽입하여 재미를 증폭시키는 역할을 합니다.

종합 편집팀은 위에서 언급한 종합 편집 작업을 담당합니다. 종합 편집 전 단계의 편집은 연출진 중 PD들이 담당하며, 특히 조연출의 주요 임무 중 하나가 편집을 능숙하게 해내는 것입니다. 이러한 편집과 달리, 종합 편집 단계에서는 자막, 화면 효과, 음악 등을 추가하여 시청자들이 더욱 큰 재미를 느낄 수 있도록 합니다. 최근에는 컴퓨터를 이용한 편집과 종합 편집이 가능해지면서 인원수가 점차 감소하는 추세이지만, 여전히 두 명 정도가 한 팀을 이루어 작업합니다.

😍 편집 장비, 2000년대까지는 테이프 기반의 1:1 편집기가 주를 이루었으나, 고성능 컴퓨터가 보급되면서 현재는 모든 편집 작업을 컴퓨터로 진행합니다.

편 자극적인 예능 프로그램이 계속해서 인터넷 기사에 노출되고, 높은 TV 시청률과 인터넷 조회 수를 기록하는 현상은 우려스러운 측면이 있어요. 이 문제는 어떻게 해결해야 할까요?

신 방송 프로그램의 선정성 문제는 TV 방송 초기부터 지속적으로 제기되어 왔습니다. 드라마의 키스 장면과 같은 표현들이 과거부터 선정성 논란의 대상이 되어 왔죠. 이는 비단 우리나라만의 문제가 아니라 미국에서도 방송 초기 엄격한 청교도적 윤리의식 때문에 드라마에서 표현하지 못하는 장면들이 많았다고 해요. 영화 〈시네마 천국〉에서 검열 때문에 상영되지 못한 키스 장면들을 필름 기사가 모아 소년에게 선물하는 장면이 나오는 것처럼, 시대와 문화를 막론하고 이러한 문제는 항상 존재해 왔습니다.

최근 예능 프로그램의 선정성 문제는 시청률이나 화제성과 밀접하게 관련되어 있습니다. 다양한 영상 콘텐츠가 범람하는 상황에서 시청자들의 관심을 끌기 어려워지자, 제작진들이 자극적인 소재를 선택하는 경향이 나타나는 거죠. 시청자들 역시 자극적인 소재에 끌리는 심리가 작용하기 때문에 이러한 콘텐츠에 대한 수요가 존재하고요. 그러나 30년간 방송 프로그램을 제작해 온 경험에 비추어 볼 때, 선정성 높은 프로그램은 오래 지속되기 어렵습니다. 순간적으로 관심을 끌 수는 있지만, 결국에는 재미있고 공감할 수 있는 콘텐츠가 시청자들의 선택을 받죠. 더군다나 지상파 방송은 심의 기준이 존재하기 때문에 선정성 문제가 심각하게 대두되지는 않습니다. 오히려 유튜브나 OTT 플랫폼에서 선정성 문제가 더욱 두드러지는 경향이 있습니다. 선정성 문제는 시대의 윤리의식과 밀접하게 관련되어 있기 때문에 지상파의 심의 기준을 적절하게 활용하여 균형을 유지하는 것이 중요합니다. 방송의 공익성역시 이러한 맥락에서 필요한 요소라고 할 수 있습니다.

인상적인 예능 프로그램이 있나요?

편 인상적인 예능 프로그램이 있나요?

신 최근에 넷플릭스에서 방영한 〈흑백요리사〉를 매우 인상 깊게 봤어요. 기존에 요리 서바이벌 프로그램이 많았음에도 불구하고, 이 프로그램은 소재의 중복을 극복하고 연출의 영역에서 차별화를 이루어냈다는 점에서 높은 점수를 주고 싶습니다. 세트 디자인부터 대결 방식, 캐스팅까지 모든 요소가 세심하게, 그리고 독특하게 구성되어 있었습니다. 프로그램을 시청한 후 후배들에게 "너무 잘 만들어서 고맙다."라는 칭찬을 전했던 기억이 있습니다.

그리고 현재 제가 몸담고 있는 LG U+에서 제작한 〈맨 인 유럽〉 또한 인상적이었습니다. 스포츠 예능이 트렌드이기는 하지만, 이 프로그램은 국내 선수뿐 아니라 해외 유명 선수까지 캐스팅하는 과감함을 보여주었죠. 박지성과 에브라의 행동과 대화를 보면서, 이제 우리 국민들도 세계적인 공통 감각을 갖게 되었다는 것을 느꼈습니다. 특히 좋았던 점은 축구 팬뿐만 아니라 일반 시청자들의 취향까지 고려하여 타깃팅에 성공했다는 것입니다. 박지성 선수의 인간적인 면모와 후배들을 챙기는 따뜻한 마음을 엿볼 수 있었던 점도 좋았습니다.

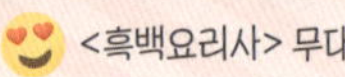
<흑백요리사> 무대

<맨인유럽> 포스터, LG U+모바일tv
에서 2024년에 방송되었던 콘텐츠입
니다.

예능은 사회와 사람들에게 어떤 의미일까요?

편 사람들에게 예능 프로그램은 어떤 의미일까요?

신 대중문화는 사람들의 감정을 처리하고, 울분을 토해내고, 분노를 해소하는 역할을 한다고 생각해요. TV는 대중문화를 상징하는 대표적인 매체이고, 드라마나 예능 프로그램은 사람들의 슬픔, 아픔, 스트레스를 해소해 주는 역할을 해요. 예능 프로그램은 사회적 비용을 가장 적게 들이고도 사람들의 스트레스를 해소할 수 있는 장르라고 생각해요. 물론 부작용도 있지만, 프로그램을 잘 선택해서 시청한다면 스트레스 해소에 큰 도움을 받을 수 있습니다. 또한 예능 프로그램을 통해 사회가 어떻게 돌아가는지, 동시대 사람들이 어떤 슬픔과 기쁨을 느끼는지 간접적으로 경험할 수 있어요.

편 어떤 부작용이 있을 수 있죠?

신 예능 프로그램이 때로는 사회적 마취제 같은 역할을 한다는 생각도 들어요. 현실의 고통과 어려움을 외면하고 즐거움만을 제공하려 하는 것은 아닌지 고민될 때도 있습니다. 따라서 지상파 PD들은 방송의 공익성에 대한 책임감을 분명히 인식했으면 해요.

짧은 영상을 선호하는 현상은 어떤 영향을 미칠까요?

편 짧은 영상을 선호하는 현상은 예능 프로그램에 어떤 영향을 미칠까요?

신 짧은 영상을 선호하는 현상은 예능 프로그램에 상당히 큰 영향을 미칠 수밖에 없습니다. 시청 패턴 변화의 주요 원인을 저는 크게 두 가지로 보는데요, 첫 번째는 콘텐츠를 소비하는 디바이스Device의 변화입니다. 과거에는 TV 수상기를 통해 콘텐츠를 소비했기 때문에 가족 단위 시청이 많았습니다. 따라서 한 시간 정도의 방송 프로그램이 주를 이루었어요. 하지만 현재는 핸드폰이나 노트북으로 콘텐츠를 소비하는 사람들이 많아지면서 개인적인 시청 패턴이 나타나고 있습니다. 언제든지 다른 채널이나 콘텐츠로 이동할 수 있는 환경이 조성되면서 영상 소비 패턴이 짧아지는 경향이 있죠.

두 번째로는 콘텐츠가 너무 많아지면서 이전처럼 긴 시간을 들여 콘텐츠를 소비하는 것이 낭비라는 인식이 있습니다. '완주율'이라는 개념처럼, 시청 시간 대비 콘텐츠 길이를 따지는 경향이 나타나면서 긴 콘텐츠는 시청률이 저조해지는 현상이 두드러지고 있습니다. 이러한 경향은 디지털 시대에 접어들면

서 더욱 심화하여 짧은 콘텐츠에 대한 선호도가 폭발적으로
증가했습니다. 틱톡의 인기만 봐도 알 수 있듯이, 짧은 영상 콘
텐츠는 이미 대세가 되었죠. 유튜브 역시 과거에는 15분 내외
의 콘텐츠가 주류였지만, 현재는 5분 내외의 콘텐츠가 더 높은
조회수를 기록하는 경우가 많고요. 이러한 추세를 고려할 때,
현재 방송되는 예능 프로그램들의 분량은 앞으로 더욱 짧아질
가능성이 매우 높습니다. 기존의 60분 물은 45분 물로 줄어들
고, 45분 물 역시 세 개 이상으로 나뉘어 방영되는 시대가 곧
올 것이라고 예상됩니다.

인공지능은 예능 프로그램에
어떤 영향을 미칠까요?

편 인공지능은 예능 프로그램에 어떤 영향을 미칠까요?

신 방송 기술은 최첨단 과학기술과 밀접하게 연결되어 있어요. 선거 방송에서 볼 수 있듯이, 최첨단 CG 기술을 활용하여 실시간으로 집계 결과를 보여주고 가상 현실, 증강 현실을 제공하기도 하죠. 예능 프로그램도 마찬가지예요. 컴퓨터 기술을 이용하여 재미 요소를 많이 만들어내죠. 1990년대 후반 자막 기계가 개발되면서 방송에 자막이 처음 등장했어요. 이전에는 예능 프로그램에서 출연진의 생각을 알 수 없었고, 소리도 잘 들리지 않아 재미를 놓치는 경우가 많았죠. 하지만 자막이 생기면서 이러한 문제점들이 보완되었어요. 첨단 기술이 편집과 결합하면서 방송의 재미가 많이 증가했다고 생각해요.

그러나 첨단 기술이 예능 프로그램에 무조건 결합하는 것은 아니에요. 재미를 줄 수 있는 기술만 활용되죠. 3D 체험은 즐겁지만, 방송에 적용되지는 않아요. 하는 사람은 재미있지만, 보는 사람은 즐거움을 공유하기 어렵기 때문이에요. 보는 사람도 공감할 수 있는 재미를 주는 기술이어야 해요. 예능 프로그램에서 뽕망치로 대결하는 것은 매우 구식이지만, 보는 사람도 하는 사람도 매우 재미있어요. 꿀밤을 때리거나 아이스크림 뺏어 먹기를 하는 것이 재미를 주기도 하죠. 아무리 최첨단 과학기술이라도 재미로 구현되지 않는다면 예능PD는 절대 사용하지 않을 거예요.

하지만 인공지능의 발전 속도가 매우 빨라 예상보다 훨씬 빠르게 예능 프로그램에 활용될 거로 보여요. 특히, 인공지능 편집 앱의 발달은 예전에는 비용 문제로 공개하지 못했던 다양한 장면들을 시청자들에게 선보일 가능성을 열어주고 있죠. 실제로 현재 일부 스포츠 경기의 하이라이트 장면은 인공지능 편집기가 대신하고 있고, 그 숙련도가 점차 높아지고 있고요. 개인적으로 가장 기대되는 것은 인간과 인공지능의 대화를 통해 인공지능과 인간을 구별할 수 있는지 도전해 보는 콘텐츠를 만들어 보고 싶어요.

👍 구글 인공지능 편집 프로그램 VEO2

❤️ GPT 인공지능 편집 프로그램 Sora

앞으로 예능 프로그램은 어떻게 변화할까요?

편 앞으로 예능 프로그램은 어떻게 변화할까요?

신 글로벌 OTT 플랫폼의 급속한 성장에 따라, 국내 예능PD들이 기획하고 제작하는 글로벌 예능 프로그램이 등장할 가능성이 높아요. 과거에는 전 세계 시청자에게 선보일 수 있는 플랫폼이 부족했지만, 통신 기술 발달로 전 세계에서 실시간 시청이 가능한 콘텐츠 제작이 가능해졌죠. 인공지능 기술 발전으로 언어 장벽 또한 빠르게 극복될 것 같아요. 또한, 서바이벌 오디션 콘텐츠는 지속적으로 인기를 끌 것으로 예상돼요. 경쟁 시대에 살고 있는 전 세계 사람들에게 서바이벌 장르만큼 공감대를 형성할 수 있는 포맷은 드물기 때문이죠.

결국 예능 프로그램의 성공 요소는 뛰어난 기획력이라고 할수 있어요. 이는 TV 전성기 시대에도 가장 중요한 역할을 했고, 앞으로도 변함없이 핵심 요소로 작용할 거예요. 예능 프로그램의 목적은 '재미'를 만드는 것이고, 이는 지금까지 보지 못했던 새로운 것을 보여주는 기획력에서 비롯되죠. 따라서 예능PD들의 기획력이 더욱 중요해질 것입니다.

예능PD의 세계

편 예능PD가 하는 일에 대해서 알고 싶어요.

신 우리나라와 외국의 PD는 그 개념에 차이가 있어요. 외국의 PD는 '프로듀서 Producer'의 줄임말이지만, 우리나라의 PD는 '프로듀서+디렉터 Director'의 약자라고 할 수 있어요. 해외의 경우 PD는 프로그램의 기획, 예산, 홍보, 마케팅 등을 책임지고, 연출은 디렉터가 담당해요. 즉, 프로듀서가 디렉터를 고용하는 구조죠. 하지만 우리나라는 PD가 프로듀서와 디렉터의 기능을 함께 수행해요. 방송사 PD는 외국 방송사의 프로듀서와 디렉터 역할을 모두 하는 셈입니다. 다만, 최근 드라마나 예능 프로그램의 규모가 커지면서 우리나라에서도 프로듀서와 디렉터를 구분하는 경향이 점차 늘어나고 있어요. 특히 드라마는 10여 년 전부터 이러한 구조가 정착되었고, 예능의 경우 최근 OTT 콘텐츠가 대형화되면서 역할 구분이 증가하는 추세입니다.

편 방송사 PD가 하는 일에 대해 알려 주세요.

신 방송사 PD는 한마디로 프로그램을 만드는 모든 과정을 책임지는 사람이에요. 영화의 엔딩 크레디트 Ending Credit 처럼,

방송 프로그램 마지막에도 기획, 대본, 카메라, 조명 등 제작에 참여한 사람들의 이름과 역할이 나열되죠. 프로그램을 자세히 살펴보면 카메라, 대본, 연기자, 컴퓨터 그래픽, 편집 등 다양한 요소들이 있어요. PD는 이 모든 분야에 관여하여 프로그램 제작을 총괄해요.

물론 각 분야에는 전문가가 있어요. 카메라 감독, 세트 디자이너, 작가, 아트 디렉터 등 각 분야의 전문가들이 자신의 전문성을 발휘하여 프로그램의 완성도를 높이죠. PD는 이들과 끊임없이 소통하고 협력하여 자신이 구상한 프로그램을 현실화해요. PD는 카메라 감독에게 원하는 앵글을 요청하고, 작가에게 대본 방향을 제시하며, 세트 디자이너에게 원하는 분위기의 세트 제작을 요청하는 등 프로그램의 모든 요소에 대해 지시하고 감독하죠. 즉, PD는 프로그램 제작의 전 과정에 참여하여 전체적인 그림을 그리고, 각 분야의 전문가들과 협력하여 프로그램을 이끌어 가는 사람이에요. 따라서 모든 분야에 대해 능통해야 해요. 각 분야의 전문가만큼 뛰어난 실력을 갖추지는 못하더라도, 프로그램의 성공을 위해 모든 분야의 전문가와 소통할 수 있는 능력은 반드시 갖춰야 하죠.

예를 들어 볼게요. PD가 카메라 감독만큼의 기술은 없더라도, 70~80% 정도의 능력은 갖춰야 그 분야의 최고 전문가인

😮 예능PD 역할, 스튜디오 녹화는 부조에서 진행되며, PD는 이곳에서 연출과 관련된 모든 지시를 내립니다.

❤️ 예능PD 역할, PD는 카메라 스태프가 부득이하게 없을 때 직접 촬영하기도 합니다. 따라서 기본적인 카메라 운용법은 숙지하고 있어야 합니다. 최근에는 PD와 카메라맨 역할을 겸하며 1인 연출을 하는 유튜브 콘텐츠가 광범위하게 유행하고 있습니다.

👍 예능PD 역할, PD는 녹화 현장의 최종 책임자로서 녹화 현장을 총괄합니다.

😆 예능PD 역할, 미술감독과 무대 기본 콘셉트를 협의합니다.

재미있게 살고 싶다면
예능PD

카메라 감독과 소통하며 작품을 이끌 수 있어요. 소품의 경우 어떤 소품이 필요한지 알아야 하고, 작가가 대본을 쓸 때 필요한 디테일을 요구할 수 있죠. 세트 디자인의 경우, PD가 이전에 봤던 세트 디자인을 예로 들면서 "파란색을 더 추가하고, 붉은색 계통을 배치했으면 좋겠다. 이런 요소들을 더 많이 필요로 하고, 어떤 문양을 넣었으면 좋겠다."와 같이 구체적으로 이야기할 수 있어요. 컴퓨터 그래픽의 경우, 해외에 이런 CG가 있는데, 이를 구현하려면 어느 정도의 시간과 어떤 장비가 필요한지 사전에 충분히 논의하여 자신의 프로그램에 필요한 영상적 요소가 구현될 수 있도록 해요.

이처럼 PD는 프로그램의 기획 단계부터 방송에 이르기까지 모든 작업에 관여합니다. 마치 아무것도 하지 않는 것처럼 보일 수 있지만, 사실상 프로그램의 시작부터 끝까지 모든 과정을 책임지는 사람이에요. 영화의 영화감독보다 더 많은 일을 한다고 볼 수 있어요. 최근 영화감독은 연출자의 역할만 하지만, 방송사 PD는 아직 프로듀서와 감독의 역할을 동시에 수행하거든요.

편 우리나라 방송사 PD는 머릿속에 전체적인 그림을 그리고, 그 그림을 완성하기 위해 각 분야의 전문가들을 참여시키는 역할이네요.

 그렇죠. PD는 완벽한 작품을 위해 적재적소에 인력을 배치해요. PD가 가진 가장 큰 권한 중 하나는 인사권과 예산권입니다. 어떤 스태프를 쓸지, 어떤 연예인을 캐스팅할지 PD가 결정하죠. 이를 인사권이라고 할 수 있고, 예산권은 전체 예산을 책정할 수는 없지만 주어진 예산 내에서 어떻게 사용할지 결정하는 것을 말해요. 예산은 항상 한정되어 있기 때문에 그 한도 내에서 여러 가지를 조율하며 최고의 프로그램을 만들어내야 합니다. 그래서 PD의 역할이 가장 중요한 거예요.

예능PD의 일과는 어떻게 되나요?

편　예능PD의 일과는 어떻게 되나요?

신　프로그램 제작 과정에서 가장 큰 비중을 차지하는 것은 회의예요. 업무 시간의 대부분이 회의에 할애되고, 편집과 녹화가 그 뒤를 잇는 순서라고 할 수 있어요. 편집에 들어가기 전에는 편집 방향에 대한 회의를 진행하고, 편집본을 보면서 수정 방향을 논의하는 회의를 또 해요. 외부인들은 상상하기 힘들 정도로 방송사에서는 회의가 잦아요. 연예인 캐스팅 전에도 작가들과 여러 차례 회의를 거쳐 자료 조사 결과를 바탕으로 적합한 인물을 선정해요. 프로그램의 뼈대를 이루는 구성 회의는 물론이고, 모든 것이 회의를 통해 결정되죠.

　많은 사람들을 만나는 일도 PD가 하는 일 중의 하나예요. 그 중에는 연예인뿐만 아니라 카메라 감독, 음악감독 등 스태프, 그리고 촬영에 필요한 공간을 제공해 주는 사람들까지 다양한 분야의 사람들이 포함되죠. 또한, 발생하는 갈등을 조정하고 문제를 해결하는 것 역시 PD의 중요한 업무 중 하나예요.

편　프로그램이 끝나면 일과가 바뀌나요?

신　방송 프로그램이 종료되었다는 것은 단순히 방송이 끝났다는 의미가 아니에요. 프로그램에 대한 전체적인 모니터 회의, 즉 리뷰 회의를 통해 모든 과정이 마무리되죠. 이 회의에서는 프로그램의 성적표를 확인하고, 수입과 지출 내역을 분석하여 손익을 계산해요. 시청률 추이와 구체적인 시청자 평가를 검토하고, 프로그램에 대한 솔직한 의견을 공유하죠.

현재 국장직을 맡고 있기 때문에 다음 프로그램 제작에 들어가기 전까지 행정 업무를 처리하고, 동시에 다음 프로그램에 대한 아이디어를 구상해요. '요즘 유행하는 것은 무엇일까? 다음에는 어떤 것이 유행할까?'와 같은 질문을 던지며 다양한 트렌드를 조사하고 자료를 수집하죠. 현업 PD들에게는 프로그램 제작 기간의 격렬한 노동에 대한 보상으로 충분한 휴식이 주어져요. 주 5일 근무보다 훨씬 강도 높은 업무를 수행했기 때문에 그에 대한 보상 휴가를 받는 거죠. 젊은 PD들은 이 기간에 주로 여행을 떠나는 경우가 많더라고요.

예능PD가 많이 만나는
직업군이 있을까요?

편 예능PD가 많이 만나는 직업군이 있을까요?

신 PD가 가장 많이 만나는 직업군은 연예인과 작가예요. 드라마에서 작가는 제1의 창작자라고 할 수 있어요. PD와 많은 이야기를 나누며 대본을 쓰지만, 원초적인 창작은 작가의 몫이죠. 작가는 PD와 하는 일이 거의 비슷하며, 프로그램의 처음부터 끝까지 함께하기 때문에 가장 많이 만나요. 작가와 PD를 묶어 연출부라고 해요. PD가 프로그램의 아버지라면 작가는 어머니라고 할 수 있고, 서로 보완해 주는 관계예요. PD가 예산을 따오고 집행하며 캐스팅을 담당하면, 작가는 다른 세부적인 사항들을 채워주죠. 예능 프로그램의 경우, 정해진 대본보다는 현장 상황에서 일어나는 즉흥적인 사건들이 프로그램 전체를 이끌어가기 때문에 출연자와 긴밀한 관계를 맺는 것이 중요해요. 따라서 예능PD는 연예인 및 작가와 가장 많은 시간을 함께하죠.

편 PD와 연예인은 관계가 좋나요?

신 우리나라에서는 PD와 연기자의 관계가 매우 돈독해요. 제가 중국에서 일할 때 보니, 중국에서는 PD와 연기자가 사석에서 만나는 경우가 거의 없더라고요. 현장에서만 만나다 보니 소통이 원활하지 않았어요. 우리나라 PD와 연기자는 개인적으로도 자주 만나 형, 동생처럼 지내죠. 서로의 취미를 알게 되면 프로그램뿐만 아니라 사적인 활동도 함께 하는 경우가 많고요. 프로그램 내용이 연기자에게 맞지 않아 거절당하더라도, PD와 연기자가 우여곡절 끝에 친분을 쌓게 되면 의기투합하여 해당 콘텐츠를 하게 되는 경우도 있어요. 우리 사회는 아직 비즈니스적인 요소 외에 인간적인 정 또한 남아있는 것 같아요.

편 연예인들은 TV에서 보이는 모습과 실제로 만났을 때의 모습이 다른가요?

신 대부분 다른 것 같아요. 물론 TV와 실제 모습이 똑같은 사람들도 많아요. 저는 개인적으로 TV와 실제 모습이 똑같은 연예인들과 더 친한 편이에요. 그런 사람들과는 관계가 오래 지속되고 좋은 친구가 될 수 있으니까요.

편 연예인도 힘든 직업이겠어요. 끼와 재능은 기본이고, 방송은 여러 사람이 함께 만들어가는 작업이기에 성격도 중요하니까요.

신 연예인도 사람이기에 TV에서 자신의 모든 모습을 완벽하게 숨길 수는 없어요. 아무리 연기자라고 해도 본래 가지고 있는 인간성은 감추기 어렵다고 생각하거든요. 특히 드라마 연기가 아닌 예능 프로그램에 출연하는 연예인들은 대부분 TV에서 보이는 모습 그대로를 드러내죠. 예를 들어 유재석 씨는 TV에서 보이는 그대로 정말 좋은 사람이에요. 인간성이 좋고, 예의도 바르죠. 신동엽 씨는 재치 있고 정말 재미있어요. 이경규 형님은 사석에서 만날 때도 너무 웃기고 인간적으로 따뜻한 분이에요.

편 유재석 씨가 진행하는 프로그램은 아이들과 함께 봐도 안심하고 즐길 수 있어요. 모든 사람을 편안하게 해주는 따뜻한 진행자인 것 같아요.

신 유재석 씨는 TV에서 보이는 모습과 실제 모습이 일치하는 친구예요. 항상 겸손하고 주변 사람들을 배려하는 모습은 정말 놀랍죠. 원래부터 지금과 같은 성격은 아니었을 것 같지만, 방송을 하면서 많이 바뀐 것 같아요. 과거 〈놀러와〉를 하면서 얘기해 보니, 자신도 놀기 좋아하고 건방질 때가 있었지만, 개그맨 데뷔 후 5년간의 무명 생활을 겪으면서 한 번만 무대에 설 수 있다면, 절대 오만하지 않고 성실한 개그맨이 되겠다고 다짐했다고 하더라고요. 이러한 경험을 통해 그의 가치관이 많이 바뀌었고, 현재까지도 그 마음을 간직하고 있는 것 같아요.

서로 다른 의견들을 어떻게 하나로 모아요?

편 여러 사람이 함께 작업하는 과정에서 다양한 의견들이 나올 텐데요, 이러한 의견 차이를 어떻게 하나로 모아요?

신 PD의 중요한 업무 중 하나는 다양한 이견을 조율하고 결정하는 거예요. PD는 자신의 의견을 제시하는 것도 중요하지만, 여러 사람의 의견을 경청하고 조율하는 역할을 수행해야 해요. PD가 직접 아이디어를 내기도 하지만, 다른 사람의 아이디어를 채택하는 경우도 많죠. 작가나 조연출의 좋은 아이디어를 잘 활용하는 것 또한 PD의 중요한 능력이라고 할 수 있어요.

사실, 결정 권한을 가진 사람이 다른 사람의 의견을 받아들여 결정하는 과정은 절대 쉽지 않아요. PD 역시 사람이기에 자신의 의견이 더 반영되기를 바라기도 하고, 개인적인 욕심이 생기기도 해요. 내 아이디어가 아니라는 생각에 속상해하기도 하고요. 하지만, 관점을 조금만 바꿔보면 프로그램이 개인의 소유물이 아니라 이 작업에 참여한 모든 사람의 작품이라는 것을 깨닫게 돼요. 그러면 가장 재미있는 것을 선택하면 된다는 단순한 결론에 도달할 수 있죠. 이러한 의사 결정을 위해서는 타인의 이야기에 귀 기울이는 넓은 마음이 필요해요. 자기

작가들과 회의하는 모습

재미있게 살고 싶다면
예능PD

고집을 버리고, 다양한 의견이 나올 때는 지위 고하를 막론하고 모든 사람의 의견에 귀 기울이는 자세가 중요해요. 권위적인 사람이 회의를 주도한다면, 서열이 낮은 사람은 자유롭게 의견을 내기 어려울 수 있겠죠. 따라서 PD는 모든 사람이 자유롭게 이야기할 수 있는 편안한 분위기를 만들어줘야 해요.

하지만, 일단 결정된 사항은 주저하거나 번복하지 말고 모든 힘을 쏟아 추진해야 해요. 결정을 계속 번복하면 프로그램 진행에 차질이 생기기 때문이죠. 캐스팅, 프로그램의 성격, 아이디어, 아이템 등이 결정되기 전까지는 밤샘을 해서라도 충분한 시간을 들여 논의해야 하지만, 일단 결정이 완료되면 추진력을 발휘해야 해요. 물론, 예상치 못한 상황이 발생할 수 있어요. 이때는 주변 사람들의 의견을 경청하고 최선의 해결책을 찾아야 해요. TV 프로그램은 처음 기획 의도와 이를 향해 얼마나 집중하느냐가 가장 중요해요. 다양한 의견을 경청하되, 최종 결정은 PD와 책임 프로듀서(CP)가 내리는 시스템이에요. 이러한 중요한 결정을 내리는 자리이기에 PD가 되기 위해서는 6~7년의 훈련 기간이 필요하고, 이 훈련 기간이 조연출 생활인 셈이죠.

업무 강도는 어떤가요?

편 업무 강도는 어떤가요?

신 업무 강도는 시기별로 매우 다릅니다. 특히 조연출 시절의 노동 강도는 상상을 초월해요. 저 같은 경우 입사 후 6년간 조연출 생활을 했는데, 당시에는 아이디어 회의부터 촬영, 편집까지 모든 과정에 참여해야 했어요. 특히 편집은 혼자서 해내야 했기 때문에 편집실에서 일주일에 2~3일은 밤샘 작업을 했죠. 새벽 6시쯤 다른 사람들이 출근하는 시간에 맞춰 비몽사몽 일어나 방송사에 마련된 샤워실로 향했던 기억이 나네요. 어떤 조연출은 월요일마다 해외여행용 대형 가방에 옷가지와 양말 등 필요한 물품을 챙겨와 토요일에 퇴근하는 경우도 많았어요. 물론 집으로 가는 것이 더 편하겠지만, 집이 멀 경우 도로에서 버리는 시간이 너무 아까우니까 여행용 가방을 메고 출근하는 거죠.

조연출 시절에는 업무 강도뿐만 아니라 자신만의 시간을 갖기 어렵다는 점이 더욱 힘들어요. PD의 호출에 언제든 응해야 하고 어떤 일이든 맡아야 하므로 항상 '5분 대기조'와 같은 생활을 하죠. PD와 합의한 휴가는 그야말로 꿀맛 같은 휴식입니다. 물론, 저의 경우 조연출 6년 동안 결혼 휴가를 제외하고는

😮 조연출 시절 카메라맨 역할, 2000년 <일요일 일요일 밤에>의 한 코너였던 '국토대장정 청년이 간다' 촬영 당시 출연진과 함께 걸으며 촬영하는 모습입니다.

😮 조연출 시절 소품 담당, 1996년 해외 촬영 당시 소품을 담당했던 모습입니다.

❤️ 조연출 시절 작은 PD 역할, 예능PD가 콩트 촬영을 진행하며 모니터링하는 모습입니다.

조연출 시절 무대 리허설, 조연출은 무대 진행을 총괄하므로 현장 리허설을 진행합니다.

조연출 시절 행정 업무, 조연출은 예산 관련 회계 업무도 담당합니다. 출연진 출연료부터 스태프 인건비까지 모든 비용을 조연출이 처리합니다.

휴가를 세 번밖에 가지 못했지만요. 이 시기를 지나면 조금 수월해져요. 메인 PD가 되는 순간부터는 자신의 스케줄을 조정할 수 있기 때문이죠. 여전히 일은 많지만, 조연출 시절의 1/3 수준의 노동 강도로 일하게 되고, 일주일에 최소 하루는 쉴 수 있죠. 지금 생각해 보면 조연출 시절에는 일하는 요령이나 숙련도가 부족해서 그렇게 긴 시간이 걸린 것이 아닌가 하는 생각이 들어요. PD가 되고 나면 일하는 과정이 훨씬 짧아지거든요. 물론, 대부분의 의사 결정을 PD가 직접 내릴 수 있다는 점도 업무 시간을 단축하는 요인 중 하나예요.

메인 PD를 거쳐 CP나 저처럼 국장급이 되면 상대적으로 자유 시간이 많아집니다. 저 같은 경우, 처음 관리직을 맡았을 때는 '이렇게 일을 안 해도 되나?' 싶을 정도였어요. 하지만 조연출 시절에는 걱정하지 않았던 다른 많은 일들을 처리해야 하죠. 예를 들어, 올해 제작 예산을 얼마로 할지, 어떤 프로그램을 만들어야 회사 수익에 도움이 될지 등을 고민해야 합니다. 현재 조연출들의 근무 환경은 제가 조연출을 했을 때보다 많이 개선되었고, 근로기준법에 따라 노동 시간을 보장받는 경우도 생겨났지만, 여전히 조연출들의 노동 강도는 다른 직종에 비해 높다고 생각해요.

PD가 많이 사용하는
프로그램이나 장비가 있나요?

편 PD가 많이 사용하는 장비가 있나요?

신 가장 많이 사용하는 장비는 컴퓨터예요. 각종 회의 내용을 정리하는 문서 작성 프로그램부터 자료 조사를 위한 검색 프로그램, 편집 및 시사 시에 사용되는 영상 편집 프로그램까지 다양하게 활용합니다. 특히 PD 시절에는 영상 편집 프로그램과 많은 시간을 함께 보내기 때문에 최고의 편집 전문가라고 할 수 있죠. 이러한 편집 프로그램에 대해 학원에서 강의할 수 있을 정도의 실력을 갖추게 됩니다. 제가 조연출 시절에는 1:1 편집기가 고가 장비였기 때문에 편집 기술이 PD만의 전문 영역으로 여겨졌지만, 기술이 발전하면서 컴퓨터로 모든 편집이 가능해져, 많은 변화가 있었습니다. 영상 편집 프로그램은 여러 종류가 있지만, 저희처럼 영상 품질을 중요하게 생각하는 전문가들은 프리미어Premiere나 파이널 컷Final Cut과 같은 고가 편집 프로그램을 구입하여 사용해요. 결과적으로 PD에게 가장 중요한 장비는 노트북이라고 할 수 있겠네요.

이 직업의 최고 매력은 뭔가요?

편 이 직업의 최고 매력은 뭔가요?

신 제가 만든 결과물을 많은 사람들과 공유한다는 거예요. 보통 사람들은 자신이 만든 결과물을 많은 사람들과 이야기할 기회가 거의 없어요. 핸드폰을 만드는 사람은 작업 과정에서 어떤 일을 했는지 일반인과 이야기하기 어렵고, 듣는 사람도 이해하기 힘들죠. 자동차를 만드는 사람도 마찬가지예요. 하지만 예능PD는 달라요. 제 노동의 결과물은 방송 프로그램이기 때문에 시청자 누구와도 쉽게 공감하며 대화할 수 있죠.

"프로그램 정말 재밌었어요."
"감동적이었어요."
"이런 부분은 좀 아쉬웠어요."

이 분야에 대해 잘 모르는 사람과도 제가 만든 프로그램에 대해 이야기할 수 있다는 것이 이 직업의 가장 큰 매력이에요. 제가 만든 결과물이 저를 소외시키지 않고, 많은 사람들과 소통할 수 있다는 느낌을 받죠.

편 '내 노동의 결과물로부터 내가 소외되지 않는다.'라는 말이 어렵게 느껴질 수 있지만, 매우 중요한 의미를 담고 있는 것 같아요. 이 책을 읽는 청소년들이 이 부분에 대해 깊이 고민해 봤으면 좋겠어요. 우리 주변에는 자신의 노동 결과물과 철저히 분리되는 직업들이 많으니까요.

신 지금 교육과정은 어떤지 모르겠지만, 제가 학교 다닐 때만 해도 그런 교육은 없었어요. 그래서 그걸 생각하고 직업을 선택하는 경우는 거의 없죠. 그러다 보니 적성이나 하고 싶은 것보다는 사회적으로 인정받는 높은 지위의 직업을 막연히 희망하게 되는 것 같아요. 저도 그래서 대통령, 교수 같은 직업을 장래 희망으로 적었으니까요. 하지만 사회가 발전하고 인공지능이 우리의 노동을 대체하는 시대가 오면, '소외받지 않는 노동'의 중요성이 더욱 커질 거예요. 나와 내 노동이 분리되는 노동 소외 현상이 사회적 문제로 대두될 수 있기 때문이죠. 그때는 다른 판단 기준이 생겨나겠지만, 저는 우연히 시작하게 된 이 일이 제 삶에서 가장 큰 보람을 느끼게 해주는 일이라는 것을 깨달았습니다. 이 일은 단순한 직업을 넘어, 세가 세상에 기여할 수 있는 소중한 가치를 실현하는 통로이기 때문입니다.

편 내가 만든 결과물을 많은 사람과 공유하는 것은 분명히 큰 장점이지만, 그만큼 힘든 점도 있을 것 같아요.

신 물론, 결과물을 많은 사람과 공유하는 것은 장점만 있는 것이 아니에요. 많은 사람이 보는 만큼 "그게 뭐냐?", "재미없어"와 같은 부정적인 반응이나 비난을 받을 수도 있어요. 하지만 대중문화에 종사한다는 것은 대중과 내가 연결되어 있다는 의미이고, 저는 그러한 연결에서 큰 행복을 느낍니다. 시청자들의 반응은 제가 살아가는 이유이자 저를 가장 기쁘게 하는 일이기도 해요.

편 정말 감동적인 말이네요. 자기 일에서 그런 희열을 느낄 수 있다는 것은 정말 큰 축복이죠. 하루를 살아도 자신이 좋아하는 일을 하면서 행복을 느낄 수 있다면 그 사람은 정말 복받은 사람이라고 생각해요.

신 예능PD의 또 다른 장점은 항상 젊게 산다는 거예요. 이 직업에 종사하는 사람들은 끊임없이 '젊은 사람들의 생각이 뭘까?'를 고민하죠. 저 역시 쉰을 넘어 환갑을 바라보는 나이이지만, 여전히 젊은 사람들의 시선으로 세상을 바라보려고 노력해요. 물론, 이렇게 한다고 해서 제 신체 나이가 젊어질 수는 없지만, 정신 연령은 항상 청춘 속에 머물도록 노력합니다. 제가 존경하는 송창의 PD는 70이 넘은 나이에도 여전히 홍대 인근 음악 바에 가서 외국 팝송을 듣고 젊은이들의 문화를 느끼곤 하죠. 저희 부모님도 또래 이야기보다는 "요즘 젊은 애들은 어떤 생각을 해?"라고 계속 물어보세요. 예능PD는 끊임없이 젊은 친구들의 이야기에 귀를 기울여요. 그들의 옷차림, 유행하는 음악, 세상을 바라보는 시선, 노는 문화 등에 항상 관심을 기울이죠. 하는 일이 이렇다 보니, 저는 제 또래 친구들보다 더 젊게 사는 것 같아요.

편 방송사 내의 다른 분들도 그렇게 생각하시나요?

신 일반적으로 예능PD는 교양 PD보다 젊은 편이고, 드라마 PD와 비슷하게 보이는 것 같아요. 예능PD들이 철없어 보인다는 이야기도 많이 듣지만, 함께 회의하는 막내 작가들의 말에 따르면 예능PD들은 꼰대 같지 않아서 좋다고 해요.

편 즐거움을 주는 프로그램을 만들기 위해서 스스로 즐거운 인생을 살아가려고 노력하는 것이 아닐까요?

신 맞아요. 예능PD는 기본적으로 재미와 즐거움을 추구하는 사람들이기 때문에 '한 번 사는 인생, 가급적 즐겁게 살아야지!'라는 생각을 많이 해요.

편 예능PD로서 가장 힘들었던 적은 언제인가요?

신 창작의 고통은 분명히 존재하지만, 그 고통을 덜어주는 여러 장치가 마련되어 있어요. 그중 하나는 이 일이 혼자 하는 것이 아니라 여러 사람과 함께하는 공동 작업이라는 점이에요. 작가들도 있고, 회사 내 부장님, 국장님 등 상사들도 있고요. 이들은 고통을 분담하고, 때로는 문제를 걸러주는 역할을 해요. 창작의 고통을 혼자 짊어지지 않도록 제도적으로 보완해 주는 장치가 있는 거예요. 아이디어를 혼자 고민하지 않도록 작가들을 옆에 두고, 선배들과 끊임없이 소통하죠. 프로그램을 제작할 때도 혼자 책임을 지는 것이 아니라 상사들과 함께 책임을 분담해요. 물론 PD의 책임이 완전히 사라지는 것은 아니에요. 프로그램 제작 전의 고통, 아이디어가 떠오르지 않을 때의 괴로움은 당연히 존재하죠. 그것이 두렵고 싫다면 예능PD를 할 수 없어요. 하지만 고통이 있는 만큼 성공했을 때의 희열은 매우 크죠. 창작의 고통은 어쩔 수 없이 겪어야 하는 아픔인 것 같아요.

스타 PD의 힘이
미디어 콘텐츠에서 대단해 보여요.

편 스타 PD의 힘이 미디어 콘텐츠에서 대단해 보여요.

신 PD 개인의 실력이 검증되는 것은 좋은 현상이라고 생각합니다. 사실 어느 분야에서든 개인의 실력이 모두 드러나는 시대인 것 같아요. PD뿐만 아니라 영화감독도 마찬가지예요. 봉준호 감독 영화, 류승완 감독 영화라는 말을 사용하는 것처럼요. 대중문화 시장은 시청자들이나 관객들이 모두 검증하는 것 같아요. 이런 면에서 스타 PD라는 현상은 당연히 나타날 수 있습니다.

그러나 드라마나 영화에 비해 예능 콘텐츠 시장 규모가 상대적으로 작았기 때문에, 예능PD가 스타 PD가 되는 것은 더욱 어려운 일이었어요. 과거에는 드라마 PD가 먼저 스타 PD 반열에 오르는 경우가 많았죠. 하지만 예능 스타 PD는 시청자들과 프로그램으로 만날 기회가 더 많기 때문에 스타 PD라는 장점이 더 크게 작용하기도 합니다. 드라마 PD가 2년에 한 번꼴로 시청자를 만나는 것과는 달리, 예능PD는 매주 시청자들과 만나 소통하며 더 큰 파급력을 가질 수 있죠. 이러한 특성 때문에 앞으로 예능 스타 PD의 영향력은 더욱 커질 것으로 예상됩니다. 유튜브나 OTT 등 콘텐츠 플랫폼이 많아진 시대에는 어떤 콘텐츠가 만들어졌는지 모르고 넘어가는 경우가 많은데, 스타 PD는 그런 면에서 먼저 화제성이나 인지도를 가지고 출발하는 셈이죠.

하지만 시청자들이나 관객들의 반응은 너무도 냉정해서 한 작품이라도 실패하면 스타 PD의 명성은 점차 사라지겠죠. 장사하는 사람들이 즐겨 하는 말에 '고객이 왕이다.'라는 말이 있는데, 대중문화 시장에도 이 말은 그대로 적용되어 '시청자들이 왕이다.'라는 말이 있어요. 그래서 시청률이나 댓글 등이 방송사에서는 프로그램에 대한 평가 기준이 됩니다. 스타 PD들은 이런 점을 가장 잘 알고 있기 때문에 프로그램을 할 때마다 많은 부담감을 느끼지만, 그런 부분은 어쩔 수 없이 감내해야 한다고 생각합니다. 아마 스타 PD 본인들도 노력을 많이 하고 부담감도 클 거예요. 후배 PD들에게도 스타 PD들은 항상 선망의 대상입니다.

편 후배들은 그렇게 되는 게 꿈인가요?

신 훌륭한 선배는 후배들에게 좋은 본보기가 되죠. 제게도 김영희 선배라는 본받고 싶은 모델이 있었어요. 선배를 보면서 '콘텐츠를 잘 만드는 사람이 되고 싶다.'라는 꿈을 꿨어요. 콘

 <알쓸신잡> 포스터

  <신서유기> 포스터

재미있게 살고 싶다면
예능PD

신개념 하이브리드 멀티버스 액션 어드벤처 버라이어티
뿅뿅 ⭐
지구오락실
6/24 [금] 저녁 8:50 첫 방송 | tvN 스트리밍은 TVING

 <뿅뿅 지구오락실> 포스터

텐츠를 잘 만들면 힘 있는 PD가 될 수 있다는 것을 깨달았죠. 여기서 힘이란 내가 하고 싶은 프로그램을 만들 수 있다는 것을 의미해요. 사실 아무리 메인 PD가 되더라도 자신이 하고 싶은 프로그램을 하는 것은 쉽지 않거든요. 많은 검증을 거치면서 자기 아이디어가 아닌 다른 사람의 아이디어를 채택해야 하는 경우도 생기지만, 스타 PD가 되면 그런 점에서 조금 더 자유로워집니다. 사실 방송사에 있으면 하기 싫은 프로그램도 억지로 해야 하는 경우가 많아요. 행정 업무도 많고, 다른 PD들이 만들어 놓은 프로그램을 후임 PD로서 맡아야 하기도 하고요. 방송사라는 조직에 속해 있다 보면 그런 일들을 당연히 해야 하지만, 내가 정말 하고 싶은 프로그램을 1년에 한 번이라도 하려면 프로그램을 선택할 수 있는 위치에 올라가야 해요. 그러려면 좋은 성과를 내는 PD가 되어야 하죠. 스타 PD가 되면 이러한 부분에서 유리한 고지를 점할 수 있겠죠.

 '나영석 사단'이라는 말이 있어요. 나영석 PD와 함께 작업하는 특정 사람들을 의미하나요?

 나영석 사단은 나영석 PD와 오랜 기간 함께 호흡을 맞춰 온 작가, PD, 스태프 등 제작진을 의미해요. PD는 함께 일할 사람들을 모으고 꾸리는 능력 또한 중요한데, 나영석 PD는 그러한 면에서 뛰어난 친구인 것 같아요. 일반적으로 스타 PD들은 연예인들과 좋은 관계를 유지하여 캐스팅에 유리한 위치를 확보하지만, 나영석 PD는 그뿐만 아니라 KBS에서 tvN으로 이적한 후 주변의 후배 PD들을 조연출 단계부터 훈련해 자신만의 팀을 만들었어요. 〈윤식당〉, 〈알쓸신잡〉, 〈강식당〉, 〈신서유기〉, 〈뿅뿅 지구오락실〉 등은 모두 이 팀에서 제작하는 프로그램이죠. 이들은 아이디어를 공유하고 발전시키며, 나영석 PD는 섭외와 마케팅을 지원하는 등 좋은 선배의 역할을 하고 있어요. 이는 방송가에 매우 긍정적인 현상이라고 생각해요.

예능PD의 연봉은 어떻게 되나요?

<편> 예능PD의 연봉은 어떻게 되나요?

<신> 제가 입사할 때인 1995년만 해도 방송사 PD는 대기업인 삼성전자나 현대자동차보다 높은 수준의 연봉을 자랑했어요. 방송사가 워낙 적었고 사람들이 모두 TV만 보는 시대였기 때문이죠. 광고도 항상 완판이었고요. 하지만 지금은 영상 콘텐츠를 볼 수 있는 플랫폼이 너무 많아지면서 PD들의 평균 연봉 수준은 대기업 수준이라고 보면 됩니다. 대신, 저희 때에는 상상도 못 했던 글로벌 콘텐츠 시장이 열리면서 더 많은 돈을 벌 수 있는 기회가 생기고 있습니다. 스타 PD들의 경우에는 훨씬 많은 연봉을 받겠죠. 그 차이가 이전에는 그렇게 크지 않았다면 지금은 100배 이상 차이가 납니다. 다른 분야와 마찬가지로 PD들의 경우에도 시장 논리가 지배하게 되는데, 그에 따른 장단점이 있지만 이러한 흐름은 어쩔 수 없다고 생각해요. 유튜브로 수익을 창출할 수 있는 구조도 있지만, 실제로 제작을 해 보면 그 수입 구조가 그리 전망이 좋지 않다는 점이 있습니다. 유튜브로 돈을 벌려면 1인 창작 시스템이 되어야 하는데, 이때 1인은 본인이 출연도 하고 촬영도 하고 편집도 해야 하는, 이전에는 세 명이 하던 일을 혼자 하는 시스템입니다.

예능PD로서 노력했던 건 어떤 건가요?

편 예능PD로서 노력했던 건 어떤 건가요?

신 좋은 프로그램을 만들기 위해서는 아이디어와 디테일이 모두 중요해요. 스태프들을 이끌어가는 리더십, 인내심과 끈기, 흔들리지 않는 강인함 등이 조화롭게 어우러져야 좋은 프로그램이 탄생해요. 많은 사람들은 예능PD의 가장 중요한 능력 중 하나로 창의력을 꼽지만, 저는 개인적으로 공감 능력이라고 생각해요. 동시대 사람들이 어떻게 살아가고 있는지, 어떤 아픔을 느끼고 어떤 감정을 가졌는지 공감하는 것이 예능 PD의 가장 중요한 능력인 것 같아요. 그러한 공감이 예능 프로그램의 기본이라고 생각하고요. 프로그램을 기획하고 출연자를 캐스팅하고 작가들과 구성 회의를 하고 출연자들의 의상을 선정하고 자막 하나를 쓰는 것까지, 동시대 사람들의 감정 포인트를 정확히 잡아내서 녹여야 해요. 자막 하나, 웃음 포인트 하나도 그러한 공감을 바탕으로 만들어져야 하죠.

편 공감 능력을 높이는 방법이 있나요?

신 사람들과 사회에 지속적인 관심을 가져야 해요. 글을 많이 읽고, 젊은이들이 자주 이용하는 커뮤니티에 방문하여 유행하는 말을 살펴봐요. 사람들이 어떤 일에 열광하는지, 어떤 말에 웃음을 터뜨리는지, 어떻게 슬퍼하고 아파하는지, 취업난을 어떻게 느끼는지 함께 공감하려고 노력하죠. 그래야 내가 만든 프로그램이 그들에게 웃음과 감동을 줄 수 있어요. 사람마다 여러 가지 방법이 있겠지만, 저 같은 경우에는 뉴스를 많이 보는 것과 독서, 두 가지 방법을 활용해요. 간접 체험을 많이 하는 것이 가장 중요하고, 독서가 바로 그 역할을 해요. 물론 요즘은 TV를 통해서도 많은 것을 할 수 있지만, 사고력을 키우는 데에는 독서가 최고인 것 같아요. 예전에 〈알쓸신잡〉이라는 프로그램에서 김영하 소설가가 했던 말이 있어요.

"인류의 발전에서 책이나 소설이 한 역할은 과연 무엇일까요? 소설이 담긴 책은 인간의 공감 능력을 전반적으로 향상시켰습니다."

저는 특히 소설을 읽을 때 공감을 많이 했어요. 인간이 가진 아픔과 다양한 감정에 대해 알게 되었고, 책을 통해 공감 능력이 항상되었다고 생각합니다. 사람들은 특별하고 기발한 것보다 자신이 공감할 수 있는 자막 한 구절을 더 좋아한다고 생각해요. 그리고 그 기발함조차도 공감에 기초해서 나오는 경우가 많거든요. MBC 입사 초기에 예능국장님이 이런 말씀을 하셨어요.

"너희들은 명문대 나온 엘리트지만 TV라는 매체는 엘리트만 보는 것이 아니다. 너희들의 지식을 나열하는 순간 방송은 망한다. 정확하게 시청자 눈높이로 접근해야 한다. 너희들이 가진 지식 나열 터가 되어서는 절대 안 된다."

학문은 학교에서 배울 수 있지만, 사람들과 함께 살아가는 공감 능력은 어디에서도 가르쳐 주지 않아요. 하지만 대중문화에 종사하다 보면 그러한 능력을 자연스럽게 배우게 돼요. 대중문화를 직접 만들기 때문이죠. 예를 들어, 서울대를 나온 사람이 K-POP과 아이돌에게 열광하는 '빠순이' 문화를 어떻게 이해할 수 있겠어요? 하지만 그러한 문화는 전 세계적으로 분명히 존재하거든요. 이해하지 못하면 관련 콘텐츠를 만들 수 없어요. 따라서 대중문화에 종사하는 사람은 항상 겸손해야 하고, 끊임없이 배워야 해요. PD들은 세 살 어린이부터 80세 노인, 도시의 직장인부터 농촌의 농부, 한국인부터 아프리카에 사는 원주민까지, 그들 모두가 생활과 문화의 창조자라는 생각을 가져야 해요. 사람들이 공동체를 이루어 살아가는 한, 그들은 모두 자기의 삶과 문화를 만들어가는 창작자들입니다. PD는 그들의 삶과 문화를 이해하고 공감하여 콘텐츠로 만들어낼 수 있어야 합니다.

직업병은 어떤 건가요?

편 직업병은 어떤 건가요? 또는 예능PD만의 독특한 습관이 있나요?

신 저는 '웃겨야 한다.'라는 강박관념이 있어요. 2초 이상 지루하면 안 된다는 생각을 늘 해요. '자막이나 효과음을 넣어서라도 2초 동안 시청자들의 시선을 붙잡아야지, 무의미한 화면이 2초 이상 가면 안 된다.'라는 강박관념이 있죠. 그러다 보니 분위기 파악을 못 하고 실수하는 때도 종종 생깁니다. 저는 웃기려고 하는 말인데 오해를 받는 경우인 거죠. 그래서 때로는 철없다는 평가를 받기도 합니다.

또 하나는 젊게 살아가려고 노력하다 보니 젊은 사람들의 유행을 일부러 공부하고 따라 한다는 거예요. 줄임말이나 이모티콘도 공부하고요. 이런 것이 직업병인 거죠. 하지만 이 직업병은 그나마 좀 나은 것 같아요. 항상 젊게 살아야 한다고 생각하다 보니 정신적으로뿐만 아니라 신체적으로도 젊어지는 것 같아요. 저희 예능PD 중에는 젊은이들이 하는 스포츠를 즐겨 하는 친구들이 많거든요. 아마도 젊은 사람들을 많이 만나고 그들의 문화를 생각하다 보니 그런 일이 생기는 것 같습니다.

AD 시절에는 술을 좀 많이 마시고 잠을 잘 자지 못해서 건강이 좋지 않았어요. 항상 수면 부족에 시달렸는데, AD 시절이 지나면 자기 시간을 조절할 수 있으므로 괜찮아져요. 그리고 편집기를 워낙 많이 다루다 보니 시력은 점차 나빠지는 것 같아요. 난시인 친구들도 많고요.

스트레스는 어떻게 해소하나요?

편 스트레스는 어떻게 해소하나요?

신 가장 좋은 스트레스 해소법은 잠입니다. 원래 잠을 잘 자는 체질이기도 하지만, '잠이 모든 보약의 근본이다.'라고 생각하며 생활하고 있습니다. 그 외에 가장 좋아하는 스트레스 해소법은 등산이에요. 산이 좋은 점은 혼자 가도 즐거운 운동이라는 거예요. 물론 마음 맞는 동료들과 함께 가는 경우도 많아요. 저도 한때는 비박Biwak이라고 산 정상에 올라가 텐트만 치고 자는 등산을 여러 번 했습니다. 특히 겨울 비박이 정말 좋거든요. 산 정상에서 자게 되면 일몰을 볼 수 있는데 그 경치는 어떤 영화보다 멋있습니다. 일상적으로는 음악 듣는 것을 가장 많이 해요. 요즘은 나이가 들어서인지 클래식도 많이 듣지만, 팝송이나 힙합 같은 음악도 여전히 좋아합니다. 독서 또한 스트레스 해소 방법 중 하나예요. '생각하고 살지 않으면 사는 대로 생각하게 된다!'라는 말이 있는데, 책을 보면서 많은 생각을 정리하게 되므로 소설이나 인문학 서적을 많이 읽게 됩니다. 최근에는 양자역학이 너무 신기하고 재미있어서 그 분야의 책을 많이 읽고 있어요.

편 다른 PD들은 어떤가요?

신 최근 젊은 세대 사이에서 e-sports를 즐기는 사람들이 많아요. 우리 회사 내에도 LOL 게임 동호회가 있을 정도로 게임을 즐기는 사람들이 많더라고요. 그들만의 세계가 존재하는 듯합니다. 여름에는 서핑을 즐기러 다니는 친구도 있고, 최근에는 클라이밍을 하는 친구들도 많이 눈에 띄고요. 예능PD로 다양한 사람들을 만나고 여러 문화를 접하다 보니 각자의 취향이 다른 것 같아요.

😍 겨울 비박 산행

다른 분야로 이직하는 경우도 있나요?

편 다른 분야로 이직하는 경우도 있나요?

신 PD로 입사한 초창기에 적성이 맞지 않아 이직하는 친구들이 꽤 있습니다. 그런 친구들은 다시 시험을 봐서 대기업에 들어가거나, 학교로 돌아가는 경우도 있어요. 조연출 생활의 높은 노동 강도가 원인이 되기도 하죠. 제가 Mnet에 있을 때, 서른이 넘은 나이에도 5년 정도 조연출 생활을 하다가 자신의 길이 아니라고 생각하고 다시 수능을 봐서 치과대학에 간 PD도 있었어요.

이러한 이직 외에도 하던 일을 발전시켜 이직하는 경우도 많습니다. 예를 들어 중국, 미국, 일본 등 해외로 진출하여 예능 콘텐츠 제작을 하는 경우가 많아요. K-POP이 세계적으로 인기를 끌면서 해외 진출의 기회가 많아진 거죠. 또한 새로운 미디어 환경으로 변화하면서 넷플릭스나 디즈니 등 OTT 플랫폼이나 인터넷 관련 매체로 이직하는 경우도 많고요. 대기업에서 홍보/마케팅 관련 업무에 예능PD를 채용하는 경우도 있어요. 예능PD들의 자유로운 감각과 신선한 아이디어가 필요하기 때문이죠. 특이한 경우로는 각종 선거 기간에 홍보/마케팅의 중요성이 커지면서 후보 마케팅 및 이미지 창출을 위해 예능PD를 채용하는 경우도 있어요. 대중들의 정서와 감정을 빠르게 포착하는 예능PD의 능력이 후보의 이미지를 만들고 홍보 전략을 짜는 데 큰 도움이 될 수 있기 때문이죠. 예능PD뿐만 아니라 작가들도 이러한 이직을 많이 합니다.

편 방송 관련 직업이 왜 인기가 많을까요?

신 첫 번째는 연예인을 자주 볼 수 있다는 점이 매력적으로 느껴지는 것 같아요. 연예인은 많은 사람들의 동경 대상이자 화제의 중심에 있기 때문이죠. 두 번째는 방송 관련 일은 대중문화와 밀접하게 관련되어 있고, TV는 누구나 쉽게 접근하고 이야기할 수 있는 분야라는 점이 작용한 것 같아요. 많은 사람들이 '나도 저 일을 하고 싶다.'라는 호기심을 가질 수 있는 분야죠. 세 번째는 사람들이 가지고 있는 '인정 욕구'와 관련되어 있다고 생각해요. 모든 사람이 그런 것은 아니지만, 공동체 생활을 하는 사람에게는 누구나 공동체에서 인정받고 싶은 욕구가 있어요. 방송 관련 일은 대중에게 쉽게 노출되고 관심을 많이 받을 수 있는 분야예요. 관심을 받고 싶어 하는 욕망은 현대 사회의 문화 트렌드이기도 하고요. 인스타그램에서 인증샷을 남기는 것이 하나의 문화로 자리 잡은 것처럼, 방송은 이미 그러한 문화의 선두 주자라고 할 수 있죠. 이러한 트렌드와 대중문화를 만드는 일이 하나로 연결되어 있으니 가장 인기 있는 직업이 된 것 같아요.

예전에는 방송 관련 직업에 접근하기가 어려웠어요. 방송 관련 장비가 워낙 고가였고 사용법도 복잡했기 때문인데요, 하지만 요즘은 휴대폰 하나로 촬영하고 편집해서 공유할 수 있잖아요. 다양한 SNS를 통해 모든 사람과 모든 것을 공유하는 새로운 세상이 열리고 있어요. 다매체 시대에 접어들었고 TV라는 매체의 영향력이 점점 줄어들고 있기는 하지만, 아직은 최고의 영향력을 유지하고 있기 때문에 방송 관련 직업의 인기가 높다고 생각합니다.

이 직업을 묘사한 작품이 있나요?

[편] 이 직업을 묘사한 작품이 있나요?

[신] 예능PD의 모습을 가장 많이 묘사한 드라마는 2015년 KBS에서 방송된 〈프로듀사〉입니다. 김수현, 차태현, 아이유, 공효진 등이 출연했고, 실제로 KBS를 배경으로 〈1박 2일〉이 소재로 사용되어 예능PD의 모습을 가장 적나라하게 보여주죠. 김수현 씨는 예능 조연출을, 아이유 씨는 인기 가수를, 차태현 씨는 〈1박 2일〉 PD를 맡아 연기했어요. 예능 프로그램이 만들어지는 과정부터 캐스팅 과정의 어려움, 작가들과 회의하는 모습 등 많은 부분이 리얼하게 담겨 있습니다.

예능PD는 아니지만 시사 교양 PD의 모습을 잘 보여준 영화는 2014년에 개봉한 〈제보자〉입니다. 이 영화는 2005년 '황우석 사건'을 다룬 MBC 〈PD수첩〉 팀의 이야기를 모티브로 제작되었어요. 예능PD와 달리 시사 교양 PD들이 만드는 콘텐츠는 주로 '진실'에 대한 이야기를 다루죠. 예능PD들이 추구하는 것이 재미라면, 교양 PD들은 '진실'을 추구한다고 할 수 있어요. 황우석 사건은 논문 조작으로 대한민국뿐만 아니라 전 세계를 상대로 사기 행각을 벌인 사건을 파헤쳐 가는 시사 교양 PD의 모습을 보여줍니다. 당시 MBC에 재직했던 저 역시 실제 생활과 매우 유사하여 감정 이입이 많이 되었던 작품입니다.

　이 외에도 녹화하면서 일어났던 여러 에피소드를 다룬 다큐 멘터리들이 있습니다. 대표적인 예로 MBC의 〈아마존의 눈물〉이나 〈남극의 눈물〉 같은 작품을 보면 현장 촬영을 하면서 겪는 연출진의 고난이 고스란히 드러납니다.

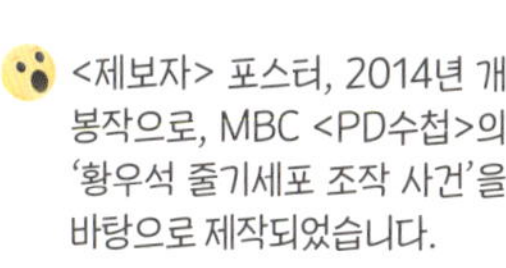
〈프로듀사〉 포스터, 2015년 KBS에서 방영된 김수현, 아이유, 공효진, 차태현 주연의 드라마입니다.

〈제보자〉 포스터, 2014년 개봉작으로, MBC 〈PD수첩〉의 '황우석 줄기세포 조작 사건'을 바탕으로 제작되었습니다.

예능PD가 되는 방법

편 예능PD가 되는 방법을 알려 주세요.

신 가장 일반적인 방법은 방송사 공채 시험이에요. 지상파 방송사 외에도 케이블, 종편 방송사까지 합치면 십여 군데의 방송사에서 예능PD를 공채로 선발해요. 필기시험, 각종 실기 및 논술 시험, 면접 등 3~4단계의 시험을 통과해야 해요. 방송사 공채는 1년에 한 번 정도 있습니다. 예능 프로그램을 제작하는 데 가장 많은 예산을 투입하고 역사와 전통을 자랑하는 방송사 공채를 선호하지만, 요즘은 방송사 공채가 아니더라도 예능PD가 되는 여러 경로가 존재해요. 유튜브 등을 통해 개인적인 역량을 보여주면 방송사로 스카우트되기도 합니다. 최근에는 외주 제작사가 많이 생기면서 외주 제작사를 통해 예능PD가 되는 경우도 많아요. 아주 드물지만, 뛰어난 외국어 능력을 갖춘 사람들은 글로벌 OTT 플랫폼에 직접 지원하기도 합니다.

편 시험 내용은 어떻게 되나요?

신 필기시험은 모든 분야의 문제가 나오는 상식 테스트와 같아요. 범위가 너무 넓어서 따로 공부하기가 어렵죠. 평소 교양 지식을 테스트한다고 생각하는 것이 맞는 것 같아요. 꾸준히 신문을 읽고 독서를 해야 해요. 방송사 PD 시험 통과가 어렵다고 말하는 사람들이 많은 이유입니다. 변호사 시험처럼 과목과 범위가 정해진 시험과 달리 상식 시험은 범위가 정해져 있지 않거든요. 제가 직접 본 상식 문제 중에는 당시 프로야구 관련 문제가 나왔어요. '메이저리그는 총 몇 팀인가?'와 같은 문제가 출제되었죠. 조금 다르지만 '아이돌 그룹인 소녀시대, 빅뱅, BTS 멤버 수를 모두 더하면?'과 같은 문제도 출제되곤 합니다. 영어 시험의 경우 토익이나 토플과 같은 공인된 영어 능력 점수를 제출하는 경우가 많아요. 이렇게 필기시험을 통과하면 논술 시험이 기다리고 있습니다.

논술시험은 완전히 주관식으로 진행되며, 지원자의 가치관, 판단력, 논리력 등을 평가해요. 실기시험이라고 하기는 어렵지만, 기획안과 아이디어를 제출하는 단계도 있습니다. 제가 Mnet에 있을 때 제출했던 기획안 주제는 '동남아 시장에서 K-POP 아이돌의 인기가 많은데, 이들을 데리고 만들 수 있는 여행 버라이어티 프로그램을 기획하라'였어요. 자신만의 시각으로 출연자를 정하고, 여행 주제와 전체 프로그램 구성 등을 작성해야 했습니다.

마지막 단계는 임원 및 실무진 면접입니다. 임원 면접은 다양한 질문이 나오기 때문에 준비하기가 매우 어려워요. 제가 평가하는 입장에 서 보니, 솔직하고 자신감 있게 말하는 태도를 가진 사람에게 높은 점수를 줬어요. 가장 경계해야 할 것은 괜히 아는 척하는 거예요. 질문하는 사람은 그 분야의 전문가일 텐데, 모르면 모른다고 솔직하게 대답하는 것이 가장 좋습니다. 모른다는 것이 창피하거나 떨어질까 봐 순간적으로 떠오르는 잘못된 대답을 하는 것은 감점 요인입니다.

편 단계별 통과, 탈락 방식인가요? 아니면 점수 합산제인가요?

신 방송사마다 어떤 전형을 실시하는지에 따라 다르지만, 일반적으로는 단계별 통과, 탈락 방식을 사용합니다. 즉, 점수 합산제가 아니라 단계별로 가장 뛰어난 사람들을 선발하는 방식이죠. 제가 1995년 MBC에 입사할 때 '합격했습니다.'라는 답변을 다섯 번 듣고 최종 합격했던 기억이 있어요. 1차 서류 심사, 2차 필기시험, 3차 논술 시험, 4차 1박 2일 실기시험, 5차 임원 면접 등의 과정을 거쳐 합격했으니 그 기간만 해도 4개월 정도 소요되었네요. 1차에서 3,000여 명의 지원자가 단계별로 줄어들어 최종 임원 면접을 볼 때는 최종 합격자의 3배수만 남았던 것으로 기억합니다.

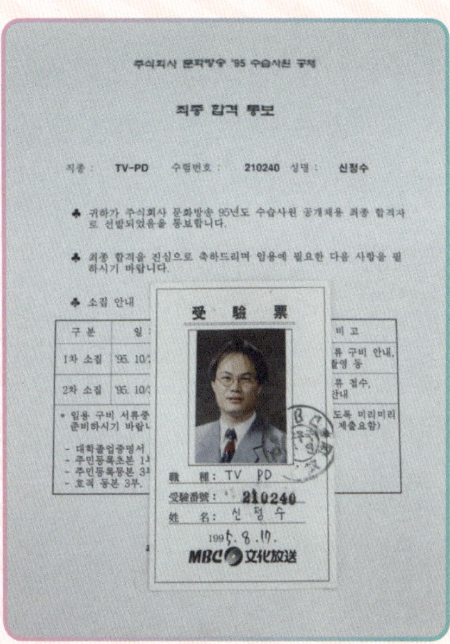

MBC 입사지원서와 합격증, 1995년 당시 제출했던
입사지원서와 합격증입니다.

편 방송사 공채 외에 다른 방법은 없나요?

신 국내에는 80여 개의 외주 제작사가 있어요. 이들은 별도의 채용 시험을 거쳐 PD를 선발하는 것이 아니라, PD가 되기를 희망하는 사람들이 찾아가 제작사 대표와 간단한 면접 및 인턴십을 거쳐 예능PD가 되기도 합니다. 하지만 이 방법은 입사 문턱이 낮은 대신 연봉, 처우, 근무 환경, 복지 등 회사의 안정성이 방송사에 비해 상대적으로 떨어져요. 저는 개인적으로 방송사 공채를 추천하지만, 최종 합격하기 위해서는 정말 큰 노력이 필요합니다. 그래서 과거에는 방송사 공채를 '언론고시'라고 했어요. 실제로 정부에서 주관하는 고시는 아니지만, 그만큼 들어가기 어렵다는 의미죠. 최근에는 1인 미디어 경력을 활용하여 경력직으로 방송사에 특별 채용되는 경우도 있어요. 유튜브 등 1인 미디어 분야에서 뛰어난 성과를 거둔다면 방송사에서 일하는 데 도움이 될 거예요.

방송사는 1년에 몇 명을 뽑나요?

편 방송사는 1년에 몇 명을 뽑나요?

신 방송사 공채를 기준으로 보면 1년에 4~50명 정도 되는 것 같아요. PD라는 직업이 너무 좋아서 많은 친구들에게 추천해 주고 싶지만, 시험 통과가 너무 어려워서 권유를 주저하게 됩니다. 지상파 방송사인 MBC, KBS, SBS 외에 tvN, JTBC, Mnet, 채널A, TV조선 등을 모두 포함해서 통계를 내보면 총 50여 명인데, 지원자 규모를 생각해 보면 많이 줄어들긴 했지만 총 3,000여 명은 되는 것 같아요. 이렇게 보면 경쟁률은 60대 1 정도 됩니다. 쉽지 않은 시험이긴 하죠. 꼭 방송사 공채를 통과해야 예능PD가 되는 것은 아니기에 다른 방법도 찾아볼 수 있지만, 그래도 한 번 도전해 보길 권유합니다. 여러분의 뜻이 확실하다면 반드시 길이 있을 거예요. PD를 꿈꾸는 학생들에게 팁을 조금 주자면, 학창 시절부터 정말 많은 책을 읽고 신문을 읽으며 세상사에 관심을 가져야 해요.

편 우리나라에 PD가 몇 명 정도 있나요?

신 PD 협회에 따르면 예능PD는 AD까지 합쳐서 MBC 약 80명, KBS 약 120명, SBS 약 80명 정도 돼요. tvN 약 120명, Mnet

약 50명, JTBC 약 80명으로 총 합하면 예능PD라고 불리는 사람이 600명 정도 되겠네요. 우리나라 전체 변호사보다 적고, 판사보다도 적은 숫자입니다. 물론 나이 든 예능PD부터 이제 입사한 신입 PD까지 모두 합한 숫자이고 방송사 예능PD만 집계한 거예요. 유튜브나 외주 제작사 예능PD까지 합치면 1,200여 명은 되지 않을까 싶습니다.

방송사 공채라는 제도가 제일 좋다고는 할 수 없지만, 가장 공정한 제도에 가까운 것은 사실입니다. 물론 방송사 공채를 통과한 사람들이 모두 훌륭한 PD가 되는 것은 아니지만요. 하지만 방송사 공채 시험이 너무 어렵다는 이야기가 많이 나옵니다. 대기업 입사 시험보다 난도가 높다고 하죠. 시험을 보고 나서도 내가 시험을 잘 봤는지 못 봤는지 알 수 없는 경우가 대부분입니다. 이러한 느낌이 들게 되는 가장 큰 이유는 상식 문제 때문인데요, 사실 상식 테스트라고 하지만 온갖 문제가 다 나와요. 정치, 경제, 역사 분야는 다른 일반 기업 공채와 공통된 분야이지만, 방송사 상식 문제는 대중문화나 스포츠, 게임 관련 문제도 많이 나오기 때문에 전방위적인 문화 교양인이 되어야 해요. 꾸준한 독서와 신문 읽기만이 유일한 방법입니다. 인터넷 신문도 괜찮습니다.

그리고 최종 합격한 사람들 대다수가 여러 번 도전해서 합격해요. 방송사가 여러 곳이기에 공채 시험도 여러 번 있죠. 자신과 정말 맞지 않다고 생각하는 방송사를 제외하고는 모든 방송사에 지원하는 것이 좋습니다. 그래서 시험장에 갈 때마다 마주치는 입사 지원생 동기들도 많아요. 이름은 몰라도 서로 눈빛만 교환하는 사이가 되는 거죠. 저도 KBS, SBS, MBC에 모두 지원해서 최종적으로 MBC에 합격했거든요. 다른 곳에 합격했더라도 MBC에 갔을 거예요.

청소년기에 어떤 경험과
노력이 도움이 될까요?

[편] 청소년기에 어떤 경험과 노력이 도움이 될까요?

[신] PD 중에는 청소년 시절부터 종교 활동이나 학교 동아리 모임, 봉사 활동 등에 열정적으로 참여했던 친구들이 많아요. 이들의 공통점은 주변 사람들과 어울리는 것을 좋아했다는 거예요. 좀 더 학술적으로 표현하자면, 다양한 공동체에 대한 애정이 많았던 거죠. 하지만 되돌아보면 공동체에 참여는 하되, 적극적으로 활동을 주도하는 친구들은 그리 많지 않아요. 학교 공부가 우선시되기 때문이죠.

그러나 모든 친구들이 그런 것은 아닙니다. 어떤 친구들은 굳이 적극적으로 활동해요. 이러한 친구들이 훗날 PD를 많이 지원하는 것 같아요. 그래서 PD가 된 선후배 중에는 학교 축제나 행사, 청소년 종교 행사 등을 기획했던 친구들이 예능PD가 되는 경우가 많아요. 학교 밴드나 방송반, 흑인 음악 동아리 활동을 했던 친구들도 꽤 있고요. 청소년 시절부터 다양한 동아리 활동을 하는 것이 예능PD로 살아가는 데 정말 많은 도움이 되는 것 같아요.

1인 미디어 활동 역시 큰 도움이 됩니다. 과거에는 1인 미디어라는 개념 자체가 없었지만, 요즘은 누구나 미디어에 쉽게 접근할 수 있죠. 미디어는 기본적으로 대중에게 무엇인가를 노출하는 활동이에요. 1인 미디어는 대중과 소통한다는 점에서 예능PD의 업무와 일맥상통하기 때문에 예능PD로서 활동하는 데 큰 도움이 됩니다. 1인 미디어가 범위를 넓히고 사회성을 갖추면 그것이 곧 대중문화라고 생각해요. 1인 미디어 활동을 하는 사람이 곧 예능PD인 셈이죠. 1인 미디어를 하면서 직접 촬영하고 편집하며 자기 생각을 담는 과정은 나중에 PD가 되었을 때 큰 자산이 됩니다.

편 다른 점도 분명히 있죠?

신 분명히 차이점이 있습니다. 1인 미디어는 자신의 자아실현과 욕구 해소를 위해 활동하는 경우가 많아요. 반면 방송사 예능PD는 자아실현이나 욕구 해소뿐만 아니라 사회적 책임감까지 가져야 하는 자리라고 생각합니다. '나는 사회적 책임감 없이 자유롭게 활동할 거야.'라는 생각이라면 1인 미디어를 하는 것이 좋아요. 전파가 가진 공공성을 인정하기 어렵다면 1인 미디어나 독립 PD를 해야죠. '전파의 공공성'이라는 명제는 매우 중요하며, 그 핵심 근거는 우리가 일상생활에서 사용하는 전파가 '공공의 자산'이라는 인식에서 비롯됩니다. 예를 들어, 우리는 흔히 전파를 공기처럼 당연하게 여기지만, 공기가 없으면 숨을 쉴 수 없고 태양이 없으면 인류가 살아갈 수 없듯이, 전파 역시 특정 개인이나 집단이 소유하는 것이 아니라 자연에 존재하는 자원이라고 봐야 합니다. 따라서 전파는 자연환경과 마찬가지로 공공성을 지니죠. 물론 전파는 태양과 달리 일정 수준의 자본 투입을 통해 인위적으로 생성됩니다. 그러므로 사업적 목적 또한 내포하지만, 근본적으로 공공성을 지니고 있기 때문에 전파를 무료로 사용하는 지상파 방송사들은 공공의 이익을 최우선으로 고려해야 합니다.

성적이 좋지 않아도 예능PD가 될 수 있나요?

편 학창 시절에 성적이 좋지 않아도 예능PD가 될 수 있나요?

신 방송사 공채 시험을 목표로 한다면 쉽지 않을 것 같아요. 하지만 앞서 얘기한 것처럼 다른 방법도 있으니 학창 시절 성적이 필수라고 단정할 수는 없어요. 다만, 성적이 좋다면 많은 도움이 되는 것은 사실이에요. 현재 학교 교육과정을 고려했을 때 특정 과목을 반드시 잘해야 한다거나 특정 과목을 소홀히 해도 된다고 보기는 어려워요. 학교에서 배웠던 모든 과목이 PD 생활에 직간접적으로 도움이 되는 것은 사실이거든요. 저는 PD라는 직업이 세상의 모든 지식을 동원해야 하는 직업이라는 생각까지 합니다. 예를 들어 미술 시간에 배웠던 미켈란젤로나 레오나르도 다빈치의 작품이 자막을 쓸 때 도움이 되기도 해요. 세계사와 국사 시간에 배운 내용들이 제가 만드는 프로그램에 자연스럽게 녹아들기도 하고요. 국어 교과서에 나오는 고전 작품들도 도움이 되죠. 예를 들어 윤동주 시인의 〈서시〉에 나오는 '하늘을 우러러 한 점 부끄럼 없기를…'이라는 구절을 자막으로 활용한다면 많은 사람들의 공감대를 쉽게 형성할 수 있거든요. 교과서에 실린 작품이기 때문이죠.

그리고 이건 저의 개인적인 경험담인데, 수학을 잘하는 친구들이 PD 업무를 더 잘하는 경향이 있어요. 방송사 시험에는 영어만 나오고 수학은 나오지 않기 때문에 영어를 잘하는 친구들이 주로 입사해요. 하지만 뛰어난 성과를 거둔 PD들을 살펴보면 수학을 잘했던 친구들이 PD로서 뛰어난 역량을 발휘하는 경우가 많았어요. 수학을 잘하는 사람들은 판단력, 논리력, 시뮬레이션 능력이 뛰어난데, 이러한 종합적인 사고력은 콘텐츠 제작에 큰 도움이 돼요. 단순한 계산 능력뿐만 아니라 프로그램의 논리적인 흐름과 기승전결 구성에 대한 판단력이 뛰어난 거죠. 실제로 프로그램을 잘 만드는 PD 후배들에게 "고등학교 때 수학을 잘했어, 영어를 잘했어?"라고 물어보면 대부분 수학을 잘했다고 답하더라고요. 수학을 잘하는 친구들의 창의력이 뛰어난 것 같아요.

최근 방송사 공채는 블라인드 테스트를 통해 학력 불문으로 진행돼요. 과거에는 대졸 학력이 필수였으나 현재는 문이 활짝 열려 있죠. 하지만 실질적으로는 여전히 닫혀 있다고 생각해요. 모든 방송사에서 시행하는 필기시험은 결국 시험에 특화된 인재를 선발하거든요. 그리고 시험에 특화된 인재들이 모이는 곳은 명문대학교잖아요. 특히 한국의 명문대는 세계적으로 손꼽히는 시험 강자들이 다니는 곳이죠. 그들은 행정고시, 사법고시, 언론고시 등 각종 시험에 강점을 보이거든요. 학력 불문이라고 하지만, 최종 합격자들은 대부분 대졸자예요. 안타깝게도 아직까지 대학을 졸업하지 않고 스타 PD가 되거나 방송사 공채 시험을 통과한 PD는 없는 것 같아요. 이러한 학력의 벽이 존재하지만, 예능PD 사회는 다른 분야에 비해 학벌을 중시하는 경향이 덜해요. 예를 들어, 일반적인 회사나 사회에서 활발한 동문회 활동이 예능PD 사회에서는 거의 찾아볼 수 없어요. 저 또한 동문회에 나간 적이 없고, 관련 연락을 받은 적도 없죠.

PD들 사이의 대화에서도 "어느 대학 나왔어?"라는 질문은 거의 오가지 않아요. 대신 "지금까지 어떤 프로그램을 만들었어?"와 같은 질문이 주를 이루죠. 이는 매우 긍정적인 현상이라고 생각해요. 우리가 영화감독을 평가할 때 학벌보다는 그가 만든 영화에 주목하는 것처럼 말이에요. 이러한 분위기 속에서 다양한 개성을 가진 PD들이 등장하고 있어요. 아직 두각을 나타내지 않았지만, 1인 미디어 시대가 활성화된 현재와 같은 흐름 속에서 가까운 미래에 대학을 졸업하지 않은 훌륭한 스타 예능PD가 탄생할 것이리고 기대합니다. 서 또한 그러한 날이 오기를 간절히 바라는 사람 중 한 명입니다.

현장을 경험하려면 어떻게 해야 하나요?

편 현장을 경험하려면 어떻게 해야 하나요? 연출부 생활은 예능PD가 되는 필수과정인가요?

신 일반적으로 '현장'이라고 하면 촬영 현장을 말합니다. 아이디어 회의를 하는 곳은 현장이라기보다는 사전 준비를 하는 곳이죠. 따라서 현장 경험을 위해서는 연출진이 되어야 해요. 촬영 공간은 콘텐츠 프로그램 제작을 위한 공간이므로 촬영 관련 인원 외에는 출입이 제한됩니다. 연출진, 출연진, 스태프 외에 출입이 허용되는 일반인은 방청객 정도죠. 그러므로 현장 경험은 PD가 되지 않고서는 어려워요. 다만, 사전에 연출진

<느낌표> 녹화 현장, 2005년 북한 금강산에서 진행된
<남북 어린이 알아맞히기 경연대회> 프로그램 녹화 당시의 모습입니다.

🙀 스튜디오 녹화 현장, 2012년 <놀러와> 400회 녹화 현장입니다.

과 협의하여 방송 전공 학생들이 참관하는 경우가 간혹 있습니다. 하지만 이러한 참관 역시 촬영 현장에서는 연출진의 지시를 절대적으로 따라야 합니다.

연출부 생활은 예능PD의 필수 코스입니다. 앞서 언급했듯이 방송사 공채로 입사하면 7년 정도의 조연출 생활을 거쳐야 PD로 입봉할 수 있고, 이 7년간의 조연출 생활이 곧 연출부 생활입니다. 연출부는 PD, 작가, FD로 구성됩니다. FD는 촬영 현장을 관리하는 역할을 담당해요. 예를 들어, 촬영장의 청결 및 정숙 상태, 촬영 방해 요소 유무, 소품 준비 상태 등을 확인하여 녹화가 원활하게 진행되도록 돕는 스태프입니다.

어떤 사람이 이 직업에 잘 맞을까요?

 어떤 사람이 이 직업에 잘 맞을까요?

 예능PD에게 가장 중요한 요소는 대중문화를 좋아하는 마음입니다. 특히 TV 방송을 즐겨 보는 사람이어야 하죠. 하지만 요즘 세대는 대부분 드라마나 예능 콘텐츠 시청을 즐기기 때문에 첫 번째 조건은 대부분 충족될 거예요. 다음으로, 사람 만나는 것을 좋아해야 합니다. 공부를 매우 잘하는 사람 중에도 사람 만나는 것을 어려워하는 경우가 많아요. 예를 들어, 자신만의 연구로 학문적 성취를 이룬 학자들은 타인과의 교류보다 혼자 심층적인 연구를 하는 데 재능을 보이는 경우가 많죠. 하지만 예능PD는 많은 사람과의 소통을 통해 콘텐츠를 제작하기 때문에 이러한 성향은 적합하지 않습니다. 세상에서 일어나는 다양한 일에 관심을 가지고 타인 및 세상과 소통하는 것을 즐기는 사람이 좋은 예능PD가 될 자질을 갖춘 사람입니다. 마지막으로, 무언가를 만들고 성취감을 느끼는 것을 좋아하는 사람이어야 합니다. 이러한 성향은 예능PD라는 직업과 잘 어울려요. 성취감을 느낀다는 것은 일종의 직업적 보람이라고 할 수 있는데, 예능 프로그램은 시청자들의 반응에 따라 성패가 좌우되기 때문입니다.

편　예능PD 중에 사람 만나는 것을 싫어하는 사람은 없을까요?

신　물론 있죠. 예능PD를 그만두고 방송사 내 다른 부서, 예를 들어 경영이나 편성 PD로 자리를 옮긴 경우도 있어요. 예전에 그러한 친구와 이야기를 나눈 적이 있는데, 그 친구는 예능PD가 너무 되고 싶어 지원했고 공채 시험에도 합격해 꿈을 향해 나아갔지만, AD 과정을 거치면서 자기 적성과 맞지 않다는 것을 깨닫고 많이 고민했다고 하더라고요. 처음에는 자신의 성향을 바꾸려고 노력했지만 쉽지 않았고, 결국 직업을 바꿔야 한다는 결론에 이르렀다고 해요. 아주 현명한 선택을 한 거죠. 사람들과 함께 어울리는 것을 싫어하는 성향은 쉽게 바뀌지 않는 경우가 많거든요. 자신의 성향에 맞는 직업을 선택하는 것은 매우 중요합니다.

예능PD 일을 즐겁게 하는 친구들을 보면, 그들 자체가 유머러스하고 다른 사람을 웃기는 것을 좋아하고, 일을 만드는 것을 즐겨요. 어떤 환경에 있든 즐거움을 찾아내는 기발한 재주가 있죠. 또한, 어떤 예능PD들은 모든 일에 적극적으로 참여하고, 다른 사람들이 쓸데없는 일이라고 외면하는 일에도 부지런히 달려듭니다. 돌이켜보면, 제가 입사하여 조연출 동안 그렇게 힘들었음에도 불구하고 버틸 수 있었던 가장 큰 이유는 함께하는 사람들이 재미있었기 때문이에요. 그들과 함께 있는 것이 행복했죠. 이 책을 읽는 분 중에 이러한 성향을 가진 분이 있다면 예능PD에 도전해 보세요.

편 예능PD라는 직업과 맞지 않는 사람은 어떤 유형의 사람일까요?

신 혼자 있는 것을 즐기는 사람은 맞지 않을 것 같아요. 사색을 즐기고 내면의 깊이를 탐구하려는 사람들은 학문 연구에 매진하는 것이 더 적합하고, 굳이 PD를 하고 싶다면 교양 PD가 어울릴 것 같아요. 다큐멘터리 PD를 보면 자연이나 사회 현상 하나를 가지고 깊이 있는 연구를 진행합니다. 대학교수 못지않게 해당 분야에 대한 지식이 있어야 다큐멘터리를 제작할 수 있거든요. 예를 들어, EBS의 다큐멘터리 PD 중 수학 관련 다큐멘터리를 제작한 사람은 수학 박사 수준의 지식을 갖추고 있더라고요. 다른 사람의 이야기를 경청하지 않는 사람 또한 예능PD와 맞지 않습니다. 독불장군 같은 성격으로는 예능 프로그램 콘텐츠를 제작할 수 없거든요. 아이디어 회의를 진행하기 어려울 뿐만 아니라, 대중문화 트렌드에도 뒤처지기 쉽죠. 트렌드는 다른 사람의 이야기에 귀 기울이고 세상에 대한 시야를 넓힌 사람에게만 보이는 현상입니다.

예능PD가
되면

편 조연출로 인정받으면 PD가 되는 건가요?

신 그렇다고 볼 수 있죠. 예능PD는 보통 7년 정도의 조연출 기간을 거치면서 메인 PD로서 필요한 다양한 업무를 경험하게 됩니다. 작가와 회의를 통해 프로그램의 방향을 설정하고, 구체적인 내용을 구성합니다. 또한, 출연진 섭외 및 미팅, 각 분야 전문가과의 협업, 촬영 현장 운영, 영상 편집 및 음악 선정, 심의 절차 등 콘텐츠 제작의 전 과정을 실무적으로 경험하며 메인 PD의 업무를 돕습니다.

약 4년의 조연출 경험을 통해 예능 프로그램 제작의 전반적인 노하우를 쌓을 수 있습니다. 따라서 조연출들은 다양한 장르의 프로그램을 경험하며 폭넓은 역량을 키울 수 있도록 순환 근무를 합니다. 코미디, 음악쇼, 토크쇼, 버라이어티, 서바이벌 오디션 등 각 장르의 고유한 특성을 이해하고, 이를 바탕으로 전문성을 키워나가는 것이죠. 충분한 경험과 역량을 갖춘 조연출은 PD로 승진할 기회를 얻게 됩니다.

하지만 모든 조연출이 PD로 승진하는 것은 아닙니다. 제가 MBC에서 20년간 근무하며 경험한 바로는, 일부 조연출은 PD

로서의 역량이 부족하다는 판단하에 다른 부서로 이동하는 경우가 있었어요. 수십억 원의 예산이 투입되는 프로그램의 책임자로서, PD는 높은 수준의 전문성과 책임감을 요구하기 때문입니다. 물론 당사자에게는 억울할 수 있겠지만, 방송의 공익성을 고려할 때 메인 PD의 부적절한 행위가 사회적 파장을 일으킬 수 있다는 점을 감안하면 신중한 판단이 필요하죠. 저역시 같은 상황이었다면 비슷한 결정을 내렸을 것으로 생각됩니다.

편 예능PD가 되면 가장 먼저 어떤 일을 하게 되나요?

신 이 질문에 대한 답변으로 제가 1995년 MBC 예능PD로 입사하여 첫 한 달간 주로 했던 일들을 말씀드리는 것이 좋을 것 같아요. 물론 지금과는 많은 부분이 달라졌겠지만, 당시의 경험이 예능PD라는 직무를 이해하는 데 도움이 될 것으로 생각합니다.

1995년 11월 1일, 예능국에 배치되어 한 예능 프로그램에 배정된 첫날, 선배는 저에게 소도구 신청을 지시했어요. 소도구가 무엇인지도 모르는 초보였던 저는 당황스러웠죠. 선배에게 물어보려 했지만, 이미 촬영 현장으로 나가버린 뒤였습니다. 어쩔 수 없이 다른 선배들에게 물어가며 신청 절차를 겨우 알아냈고, 소도구실을 찾아갔습니다. 하지만 소도구실 담당자는 프로그램 정보, 사용 시간, 장소, 크기 등 구체적인 정보를 요구했고, 저는 당황할 수밖에 없었어요. 메인 PD에게 도움을 요청했지만, 담당자에게 다시 확인해 보라는 답변만 돌아왔죠. 핸드폰도 없던 시절이라 선배를 기다리다 보니 어느덧 밤이 되었고, 소도구실은 문을 닫아 다음 날로 미뤄야만 했습니다.

이는 제가 예능PD로서 첫발을 내딛던 날의 잊지 못할 경험입니다.

이튿날에는 촬영 차량 배차 업무를 맡게 되었고, 그다음 날에는 ENG 카메라를 배정하는 일을 했어요. 이렇게 한 달 동안 다양한 업무를 경험하며 방송 제작의 기본적인 프로세스를 익혔습니다. 하지만 당시에는 아이디어 회의에 참여할 기회조차 얻지 못하고, 동기들과 함께 짬을 내어 정보를 공유하며 어려움을 극복해야 했습니다. 많은 조연출들이 저와 비슷한 경험을 하며 '내가 이런 일을 하려고 이곳에 들어왔나?'라는 회의를 느끼곤 했죠.

한 달쯤 지나 선배는 저에게 방송 예고 영상을 제작하라는 과제를 주었습니다. 어떻게 만들어야 할지 몰라 조심스럽게 질문하자, 선배는 "PD가 그런 것도 모르냐?"라며 날카롭게 반응했어요. 스스로 생각하고 아이디어를 펼쳐 영상을 만들라는 것이었죠. 결국 5일 밤낮을 새워 완성한 영상은 부족한 점 투성이었고, 선배에게 혹평을 받았어요. 당시에는 억울하고 분했지만, 지금 돌이켜보면 그 경험이 값진 교훈이 되었음을 깨달았습니다. 선배의 쓴소리 덕분에 부족한 점을 깨닫고 성장할 수 있었던 거죠. 하지만 그때는 매일 반복되는 어려운 업무와 끊임없는 비판에 지쳐, 내가 이 일에 적합한 사람인지 의문이 들기도 했습니다.

당시에는 조연출을 숙련시키는 과정이 이것밖에 없었어요. 워낙 바쁜 방송 제작 환경 탓에 다른 방법이 없었죠. 나중에 돌이켜보니 그 모든 과정이 저에게는 오히려 약이 되었다는 생각이 들었습니다. 좋은 대학을 나와 방송사에 들어왔지만, 밑바닥부터 시작하면서 함께 일하는 사람들을 제대로 보게 되었죠. 그들이 처한 환경, 선호하는 PD, 업무 능력에 대한 평가 등 교과서에서는 배울 수 없는 소중한 경험이었습니다. 그 선배와는 3개월 만에 아주 친해졌습니다.

편 예능PD는 어떤 방식으로 자기 훈련을 하나요?

신 사람마다 다르겠지만, 저는 다른 사람들이 만든 예능 프로그램을 보면서 가장 많은 훈련을 했어요. 예를 들어, KBS의 〈1박 2일〉을 보면서 '저런 식으로 프로그램을 연출할 수도 있구나.' 하고 생각하며, 마치 제가 연출하는 것처럼 캐스팅과 연출 방식을 상상하곤 했습니다. 특히, 눈에 띄는 예능 프로그램을 보면 '저 PD는 천재가 아닐까?'라는 감탄이 절로 나올 때도 있었죠. 예능 프로그램뿐만 아니라 드라마, 영화, 다큐멘터리 등 다양한 영상 콘텐츠를 보면서도 꾸준히 배우고 있습니다.

가장 충격을 받았던 예능 프로그램은 MBC에서 함께 일했던 김영희 선배의 〈칭찬합시다〉, 〈이경규가 간다〉, 〈느낌표〉였습니다. 소위 '공익 예능'이라 불리며, 당시 예능 소재로 쓰이지 않던 공익적인 주제를 다루어 매우 획기적이었죠. 김태호 PD의 〈무한도전〉 역시 늘 감탄했던 프로그램입니다. 13년이라는 긴 시간 동안 한 프로그램에 집중하며 다양한 장르를 시도한 것은 놀라웠습니다. 특히, 제가 꿈꿔왔던 좋아하는 노래로 뮤지컬을 만드는 기획을 〈무한도전〉에서 실현한 것을 보고 감탄

😲 <하트시그널> 포스터

😍 <무한도전> 포스터

😮 <느낌표> 포스터

했죠.

최근에는 〈하트시그널〉을 보고 너무 잘 만들어 일면식도 없는 채널A PD에게 전화로 칭찬을 건넨 기억이 납니다. 〈흑백요리사〉도 훌륭해서 넷플릭스에 칭찬 메시지를 보내기도 했습니다. PD들은 다른 사람의 영상을 보며 많은 자극과 영감을 얻는 것 같습니다. 배우는 것이 다른 콘텐츠 감상이니 영어 공부나 운동보다 훨씬 즐겁죠.

근무 시간이나 복지 제도는 어떤가요?

편 근무 시간이나 복지 제도는 어떤가요?

신 어느 방송사든 PD는 자율 출퇴근제를 시행해요. 자신의 업무에 맞춰 자유롭게 출퇴근하는 제도죠. AD 시절에는 거의 매일 야근하며 일했지만, PD가 되면 시간을 자유롭게 조절할 수 있어 좋습니다. AD 시절에는 PD의 지시에 따라 일해야 하고, 자기 시간이 전혀 없다고 느꼈어요. 하지만 초과 근무에 대한 보상으로 시간 외 수당을 받을 수 있었고, 저는 이 돈을 꾸준히 모았죠. 최근에는 조연출들의 과도한 노동 문제가 제기되면서 방송사들이 다양한 복지 제도를 도입하고 있어요. 휴가를 반드시 사용해야 하고, 사용하지 못한 휴가는 이월하거나 수당으로 지급받는 제도도 생겼고요.

PD가 되면 조연출 시절처럼 빡빡한 일정에 얽매이지 않습니다. 방송 시간만 맞추면 되기 때문에, 회의 시간도 자유롭게 조절할 수 있죠. 하루 여덟 시간 근무를 기준으로 오후 2시부터 밤 10시까지, 또는 오전 10시부터 저녁 7시까지 등 근무 시간을 자유롭게 선택할 수 있어요. 하지만 출연자의 스케줄 때문에 새벽 3시에 녹화를 하는 경우도 많아요. 예를 들어, 프로그램에 가장 적합한 출연자 A 씨가 새벽 3시에만 시간이 된다면, 대부분의 PD는 그 시간에 맞춰 녹화를 진행하죠. 시청자들은 녹화 시간을 알 수 없고, 결과물만 보기 때문에 가능한 일이에요. 근무 시간은 자유로운 편이지만, 프로 의식이 많이 필요합니다. 프로 의식이란 누가 보지 않아도 자신과의 약속을 지키는 자세입니다. 방송사는 PD에게 바로 이러한 자세를 기대하죠. 예를 들어, 연예인 섭외를 위해 집 앞에서 기다리는 시간도 근무 시간에 포함된다고 볼 수 있어요. 하지만 PD는 구체적인 근무 시간보다는 전체적인 성과로 평가받기 때문에, 자발적으로 책임감을 가지고 일하게 됩니다.

휴가는 일반 기업과 마찬가지로 근무 연수에 따라 늘어나는 제도입니다. 퇴직금을 비롯한 대기업의 다양한 복지 제도 역시 방송사에서도 마련되어 있습니다. 방송사의 복지 수준은 다른 대기업에 비해 오히려 더 나은 경우도 많아요. 최근에는 복지 제도의 중요성이 강조되면서 관련 규정이 강화되었지만, 과거에는 복지 부분이 미흡했던 것이 사실이죠.

편 예능PD는 휴가를 어떻게 보내나요?

신 대부분의 PD들은 휴가를 자신의 취미 활동에 활용하는 편입니다. 특히 해외여행을 선호하는데, 평소 시간이 부족해 미뤄왔던 여행을 떠나곤 합니다. 흥미로운 점은 PD들이 주로 사람들이 많이 찾지 않는 곳을 여행한다는 거예요. 히말라야 트레킹이나 남미 여행처럼 도전적인 여행을 즐기는 경우가 많죠. 저 역시 10년 차에 랑탕 트레킹을 하며 해발 5,000m까지 올랐던 경험이 있어요. 혼자 떠났던 여정이었지만, 지금도 생생하게 기억될 만큼 인상 깊었고, 많은 사람들에게 추천하는 여행 코스입니다.

PD 직군에서 가장 특이한 휴가 제도는 MBC와 Mnet의 '리프레시 휴가'입니다. PD들은 단기간에 고강도의 업무를 수행하기 때문에, 연차 휴가 외에 별도로 장기 휴가를 부

히말라야 트레킹, 2006년 히말라야 랑탕 트레킹 당시 촬영한 것입니다.

여받아 충분히 쉴 수 있도록 한 제도입니다. 시즌제 프로그램이 많아져 주말에도 근무하는 경우가 잦은 PD들의 고충을 고려한 회사의 배려라고 할 수 있죠. 일반적으로 6개월간 열심히 일한 후 20일 정도의 장기 휴가를 사용할 수 있습니다. 하지만 모든 PD가 이 제도를 선호하는 것은 아니고, 주말 휴식을 더 중요하게 생각하는 PD들도 있어요. 이처럼 개인의 선호도에 따라 다르지만, 다양한 직원들의 니즈를 충족시키기 위한 노력이 이루어지고 있습니다.

정년은 어떻게 되나요?

편 정년은 어떻게 되나요? 일반적으로 정년퇴직 후에는 어떤 활동을 하는 편인가요?

신 방송사 정규직의 경우 일반적으로 60세까지 근무할 수 있습니다. 하지만 방송사에서 퇴직하고 외주 제작사를 설립하거나 프리랜서로 활동하는 경우에는 정년의 개념이 사라지고, 개인의 역량에 따라 활동 기간이 결정되죠. 즉, 꾸준히 좋은 성과를 내는 PD는 계속해서 일을 할 수 있지만, 그렇지 못하면 일자리를 잃을 수도 있어요. 이는 방송 외주 시장이 치열한 경쟁 시장이기 때문입니다. 반면, 방송사 정규직은 상대적으로 안정적인 직업이라고 할 수 있습니다.

제 주변 선배들을 보면 외주로 전환한 분들이 대부분 어려움을 겪고 있다고 해요. 방송사는 오랜 기간 안정적인 수입 구조를 확보했지만, 외주 시장은 불안정한 편이죠. 정년 후에는 대부분의 선배들이 새로운 길을 모색하는데, PD라는 직업의 특성상 트렌드에 민감하게 반응해야 하므로 같은 분야에서 계속 일하기는 어려워요. 대신, 미술 도슨트, 역사 가이드, 농부 등 자신이 좋아하는 일을 하며 제2의 인생을 시작하는 경우가 많아요. 예를 들어, 산을 좋아하는 한 선배는 산장 지킴이가 되

어 자연 속에서 여유로운 삶을 살고 있어요. 물론 개인의 상황
에 따라 다르겠지만, 대부분의 선배들은 생계유지보다는 삶의
질 향상을 추구하는 듯합니다.

편 이 직업은 앞으로 어떻게 변화할까요?

신 1980년대 텔레비전이 흑백에서 컬러로 전환되면서 방송 환경이 급격히 변화했어요. 이와 함께 예능 프로그램도 다채로운 모습으로 발전했는데, 음악 쇼의 화려함과 ENG 카메라의 도입으로 버라이어티라는 새로운 장르가 탄생한 것이 대표적인 예입니다. 이후 케이블, IPTV, 인터넷 등 새로운 매체의 등장은 예능 프로그램의 형식과 내용에 더욱 다양한 변화를 불러왔어요. 이러한 변화는 모두 통신 기술의 발달과 밀접한 관련이 있어요. 하지만 이러한 변화 속에서도 예능PD라는 직업은 꾸준히 존재해 왔죠.

다음으로 큰 변화는 모바일 기기의 등장입니다. 요즘 젊은 세대는 거실 TV 대신 스마트폰으로 예능 프로그램을 즐기는 것이 일반적이에요. 우리는 이러한 변화를 '디바이스의 변화'라고 표현하죠. 이처럼 시대가 변하면서 콘텐츠를 소비하는 방식이 변화했지만, 콘텐츠를 만드는 근본적인 목적은 변하지 않았어요. 즉, 디바이스에 맞춰 콘텐츠의 형식은 달라질 수 있지만, 인간의 희로애락을 표현하고 즐거움을 주는 콘텐츠의 본질은 여전히 중요해요. 따라서 디바이스가 어떻게 변하던 예능PD의 역할은 여전히 중요하다고 생각해요.

가상현실 XR, 증강현실 AR, 인공지능 AI 기술의 발전으로 새로운 형태의 엔터테인먼트가 등장하면서 예능PD의 역할이 더욱 중요해질 것으로 예상돼요. 기술이 발전하더라도 사람들이 즐거움을 추구하는 본성은 변하지 않기 때문에, 예능 콘텐츠에 대한 수요는 지속될 거예요. 마치 책이 디지털 형태로 변화했음에도 소설가가 여전히 존재하는 것처럼, 예능PD 역시 시대의 변화 속에서도 꾸준히 활약할 수 있을 것입니다.

예능PD
신정수 스토리

편 학창 시절에는 어떤 학생이었나요?

신 초등학교 때부터 고등학교 때까지 쭉 반장을 맡았어요. 유치원부터 고3까지 13년 동안 한 번도 빠지지 않고 학교에 다닌 것이 제가 가장 자랑스럽게 생각하는 일이에요. 모범생이었던 것 같아요. 반장을 하면서 모든 친구와 사이좋게 지내는 방법을 늘 고민했죠. 독실한 기독교 신자였기 때문에 교회를 열심히 다녔고, 학생회 활동, 교회 활동 등 모든 일에 적극적으로 참여했어요. 그리고 음악을 정말 좋아했어요. 특히 팝송을요. 초등학교 5학년 때 형들이 듣던 라디오를 함께 듣다가 김기덕 DJ의 〈두시의 데이트〉를 알게 되면서 라디오 키즈가 되었죠. 지금처럼 다양한 음악과 정보를 쉽게 접할 수 없던 시절이라 라디오는 저에게 특별한 존재였어요.

중학교 시절에는 친구들과 팝송 퀴즈 대결을 벌이곤 했어요. 팝송에 대한 모든 지식을 놓치지 않고 머릿속에 담아두려고 노력했죠. 기타리스트 계보도 꿰고 있었어요. 음악을 좋아했지만, 노래를 잘하는 편은 아니었어요. 그래도 음악을 너무 좋아해서 학교 친구들이나 선생님이 노래를 시키면 사양하지 않고 나가서 신나게 불렀죠. 물론 영어 발음에 자신이 없어서

팝송은 부르지 못했고, 대신 당시에 처음 등장한 들국화 음악
이나 김현식 노래를 자주 불렀어요.

REC

😆 중학생 시절 응원 연습
👍 고등학교 재학 시절 기타 치며 노
래하는 모습
😍 초등학교 졸업식

꿈은 무엇이었나요?

편 학창 시절의 꿈은 무엇이었나요?

신 장래 희망이 적혀 있는 성적표를 찾아봤더니, 초등학교 저학년 때는 대통령이 되고 싶었고, 4학년 이후로는 과학자, 중학교 때부터는 교수가 되고 싶다고 썼더라고요. 사실, 그 당시에는 대통령, 과학자, 교수라는 직업이 어떤 의미인지 잘 몰랐어요. 구체적으로 그런 직업을 얻기 위해 어떤 노력을 해야 하는지도 알지 못했고요. 아마도, 사회적으로 높은 지위에 있다고 생각되는 직업을 막연하게 희망했던 것 같아요.

편 좋아하는 과목이 있었나요?

신 수학, 사회, 역사, 국어를 좋아했어요. 하지만 영어는 정말 싫었고, 성적도 좋지 않았죠. 음악 과목은 그다지 좋아하지 않았지만, 나중에 팝송과 대중음악을 들으면서 음악 과목과의 연결점을 발견했어요. 음악 이론이나 역사 등 음악과 관련된 다양한 정보를 얻는 것이 재미있더라고요. 물론 노래를 잘하거나 악기를 잘 다루는 것은 아니었지만요. 수학과는 특별한 인연이 있는 것 같아요. 일반적으로 PD를 지망하는 사람들은 인문계를 많이 가는데, 인문계 학생들은 수학을 어려워하는 경우가 많잖아요? 저는 수학도 꽤 잘했지만, 문과를 선택했어요. 그래서 담임 선생님이 왜 문과를 선택했는지 물어보셨죠. 저는 수학도 좋아했지만, 사회와 역사에 대한 관심이 더 커서 문과로 진학하기로 했다고 말씀드렸어요.

편 어린 시절, 가장 기억에 남는 사건은 무엇인가요?

신 초등학교 4학년 때, 새로운 학교가 생기면서 우리 학교 학생 4분의 1이 함께 전학을 가게 되었어요. 마치 강제 전학처럼 말이죠. 전학 가던 날, 3킬로미터나 되는 먼 길을 걸어서 새로운 학교로 이동했어요. 4년 동안 다닌 학교를 떠나야 한다는 생각에 친구들과 선생님들과 헤어지는 것이 너무 슬퍼서 많이 울었죠. 새 학교에 도착해서는 멋진 새 건물과 시설에 놀랐어요. 울음은 금세 그치고 친구들과 함께 해맑게 웃었던 기억이 나네요. 그때 사람의 감정이 이렇게 빠르게 변할 수 있다는 것을 처음 알았어요.

편 정말 귀엽고 솔직한 아이들의 마음이네요. 어린 시절에 가장 큰 영향을 미쳤던 책이나 인물이 있나요?

신 초등학교 시절에는 우리나라 위인전을 정말 많이 읽었어요. 당시에는 책이 귀했기 때문에, 30권으로 구성된 〈한국 위인전〉을 다섯 번이나 반복해서 읽었답니다. 고조선 시대부터 독립운동가에 이르기까지 다양한 인물들의 이야기가 담겨 있어 정말 재미있었어요. 약 200명이나 되는 위인들을 만나면서 역사에 대한 관심이 많아졌죠. 하지만 어른이 되어 그들에 대한 진실을 알게 되면서 실망한 적도 있었어요. 가장 큰 영향을 받았던 책은 고등학교 시절에 읽었던 『어느 청년 노동자의 죽음(전태일 평전)』이에요. 중간고사 기간에도 불구하고, 저는 밤새도록 책을 손에서 놓지 못했어요. 다음날 시험은 망쳤지만, 그 책을 읽으면서 느꼈던 감동은 잊을 수 없어요. '세상은 모두 함께 더불어 살아가야 해.'라는 생각을 하게 되면서, 삶의 가치관이 많이 바뀌었죠.

PD 진로는 언제, 어떻게 결정하게 되었나요?

편 PD 진로는 언제, 어떻게 결정하게 되었나요?

신 고등학교 시절에는 교수라는 막연한 꿈을 꿨어요. 존경하는 선생님들의 모습을 보며 저도 누군가를 가르치고 싶다고 생각했죠. 하지만 대학교에 입학하고 나서는 판사, 작가, 기자 등 다양한 직업을 꿈꾸다가 최종적으로 PD라는 직업을 선택하게 되었어요. 특히, 대학교 시절 민주화 운동에 참여했던 선배가 옥고를 치르는 모습을 보고 큰 충격을 받았어요. 사회의 부조리를 바로잡고 싶다는 생각에 판사라는 직업에 매력을 느

대학 재학 시절 음악 동아리 공연

껐죠. 또한, 책을 좋아했던 저는 좋은 책을 쓰고 싶다는 꿈을 꾸기도 했어요. 하지만 대학교 4학년 때 우연히 언론고시 스터디에 참여하면서 인생의 전환점을 맞이했어요. 스터디를 하면서 PD라는 직업에 대해 처음 알게 되었고, TV에 나오는 기자보다는 뒤에서 프로그램을 만드는 PD가 더 매력적이라고 생각했어요. 아무런 준비 없이 지원했던 PD 시험에 합격하게 된 것은 정말 운이 좋았던 것 같아요. 특히, KBS 라디오 PD에 지원했다가 떨어지고, 일반 PD를 지원한 MBC에 합격한 것은 아직도 미스터리입니다.

MBC 공채 시험에 어떻게 합격했나요?

편 MBC 공채 시험에 어떻게 합격했나요?

신 저는 1년 동안 꾸준히 공부했어요. 매주 한 번씩 모여 시사 상식 열 문제를 서로 풀면서 상식을 쌓았고, 토익이나 토플 같은 공인 영어 시험도 준비했어요. 다른 친구들에 비해 책 읽기를 좋아해서 다양한 분야의 책을 섭렵했죠. 특히, 만화책부터 과학 도서까지 가리지 않고 읽었던 것이 도움이 많이 된 것 같아요. 학과 공부는 잘 못했지만, 덕분에 방송사 시험에 합격할 수 있었어요.

저는 워낙 오래전에 시험을 봤기 때문에 지금과는 많이 달라요. 하지만 방송사 공채 시험에 대한 이해를 돕기 위해 말씀드리자면, 당시에는 졸업 증명서, 학점 증명서, 토익 점수 제출이 필수였어요. PD 분야에만 3천 명이 넘는 지원자가 몰렸고, 1차 서류 전형에서 절반 가까이 탈락했어요. 필기시험에서는 시사 상식 문제가 주를 이루었는데, 범위가 매우 넓어서 많은 지원자들이 어려움을 겪었죠. 평소에 신문과 책을 꾸준히 읽던 사람들에게 유리한 시험이었던 것 같아요. 필기시험 합격자는 논술 시험을 통해 다시 한번 평가받았고, 최종 합격 인원의 5배수를 선발했어요. 이후, 의정부에 있는 MBC 연수원에서

1박 2일 동안 다양한 평가를 받았어요. 인성 검사, 창의력 테스트, 기획안 제출 등 여덟 가지 과제를 수행했고, 최종적으로 사장 면접을 통해 최종 합격자가 결정되었죠.

방송사 공채 시험은 절대 쉽지 않아요. 먼저, 치열한 경쟁률을 뚫고 서류 전형에 합격해야 하고, 이후에는 폭넓은 시사 상식과 논리적인 사고 능력을 요구하는 필기시험을 통과해야 해요. 필기시험에 합격한 후에도 끊임없이 자신의 역량을 증명해야 하는데, 특히 예비 PD로서 자질을 평가하는 다양한 실기 시험이 기다리고 있죠. 학교에서 배우지 못한 문제들이 출제되는 경우가 많아 평소에 꾸준히 뉴스를 시청하고 다양한 분야의 책을 읽으며 배경지식을 쌓는 것이 중요해요. 또한, 자신의 가치관과 대중문화에 대한 깊이 있는 이해를 바탕으로 창의적인 아이디어를 제시할 수 있어야 해요. 단순히 TV를 많이 본다고 해서 합격하는 것은 아니지만, 다양한 프로그램을 시청하며 방송 트렌드를 파악하고 분석하는 능력은 필수적입니다.

어떤 고민을 제일 많이 했나요?

편 어떤 고민을 제일 많이 했나요?

신 처음에는 연예인과의 만남이 쉽지 않았어요. 서로의 꿈이나 가치관을 나누는 자리라기보다는, 이해관계가 얽힌 업무적인 만남이 대부분이었죠. 처음에는 어색하고 불편한 감정이 들기도 했어요. 과연 내가 이런 환경에서 평생 일할 수 있을까, 이 사람들과 오랜 시간 함께 할 수 있을까 고민했죠. 하지만, 다행히도 신동엽, 유재석, 김원희 등 훌륭한 연예인들을 만나면서 생각이 바뀌었어요. 함께 프로그램을 만들면서 인간적인 교류를 나누고, 그들의 진솔한 모습을 보면서 많은 것을 배우게 되었죠. 이제는 연예인들과의 협업을 통해 더욱 의미 있는 프로그램을 만들어내고 싶다는 생각이 듭니다.

두 번째 고민은 바로 '내가 잘하고 있는 걸까?' 하는 의문이었습니다. 영상 편집, 자막, 예고편 등 다양한 작업을 거쳐 완성한 결과물을 선배들에게 보여주지만, 명확한 피드백을 얻기가 어려웠어요. 학창 시절에는 시험 성적으로 내 실력을 객관적으로 평가할 수 있었지만, 창의적인 분야에서는 명확한 기준이 없어 답답했어요. '내가 이 분야에 재능이 있는 걸까?'라는 의문은 끊임없이 저를 괴롭혔죠. 그런데 오랜 경력의 선배에게 같은 고민을 이야기했더니, 선배 역시 비슷한 고민을 했다고 하더라고요. 그때야 저는 많은 PD들이 비슷한 경험을 겪는다는 것을 깨달았어요. PD라는 직업은 명확한 정답이 없는, 끊임없이 고민하고 성장해야 하는 직업이라는 것을요. 좋은 PD가 되기 위한 재능이 있다면, 언젠가는 분명히 그 빛을 발할 것이라는 희망을 품게 되었습니다.

세 번째 고민은 바로 직업에 대한 회의감이었습니다. '과연 내가 지금 하는 일이 맞는 걸까?'라는 질문을 끊임없이 던졌죠. 밤샘 작업과 불규칙한 생활은 몸과 마음을 지치게 했고, 주변 친구들의 안정적인 직장 생활과 비교하며 더욱 힘들어했어요. 특히, 짧은 시간 안에 완벽한 결과물을 만들어내야 하는 업무 강도에 압박감을 느꼈죠. 1분짜리 영상을 편집하는 데 열 시간이 넘게 걸릴 때는 앞으로의 미래가 캄캄하게 느껴지기도 했습니다. "내가 이 일을 계속할 수 있을까?"라는 생각이 머릿속을 맴돌았어요. 혹시 공무원 시험을 준비하거나, 대기업에 입사하는 것이 더 나은 선택은 아닐지 고민했죠. 하지만 몇 년 동안 쌓아온 경험과 노하우를 생각하면 쉽게 포기할 수 없었어요.

편 몸이 약한 사람은 못하겠어요.

신 하지만 다행히도 많은 동료들이 어려움을 극복하고 PD라는 꿈을 이뤘어요. 물론, 적성에 맞지 않아 퇴사하는 경우도 있었죠. 요즘에는 특히 AD 시절에 사표를 내는 후배들이 많아진 것 같아요. 그 이유를 물어보면 "다른 직장에서 더 편하게 일할 수 있는데 굳이 이렇게 힘든 일을 해야 할까요?"라고 반문하곤 합니다. 저희 세대와는 달리, 요즘 젊은 세대는 자신을 먼저 생각하고 합리적인 선택을 추구하는 경향이 강한 것 같아요. 자연스러운 시대 흐름이라고 생각해요.

가장 중요한 전환점이 된
프로그램은 무엇이었나요?

편　PD가 된 후, 가장 중요한 전환점이 된 프로그램은 무엇이었나요?

신　제가 연출했던 프로그램 중에는 〈놀러와〉라는 토크쇼가 있어요. 많은 사랑을 받아 여러 상을 받았죠. 4년 동안 방송했지만, 한 예능 프로그램을 오랫동안 이어가는 것은 쉽지 않은 일이에요. 김태호 PD가 〈무한도전〉을 13년 넘게 이끌어온 것은 정말 대단한 일이라고 생각해요.

편　그때 받았던 평가 중 가장 기억에 남는 것은 무엇인가요?

신　제가 연출했던 프로그램 〈놀러와〉는 토크쇼의 새로운 지평을 열었다고 평가받는데요. 일반적인 토크쇼가 단순히 연예인을 섭외하는 데 그치는 것과 달리, 〈놀러와〉는 특정 주제나 카테고리를 설정하여 차별화를 시도했어요. 예를 들어, '혈액형 A형 특집'처럼 특정한 공통점을 가진 게스트들을 초대하여 토크를 진행하는 방식이죠. 이러한 기획 섭외 방식은 당시로서는 매우 참신한 시도였고, 많은 시청자들의 호응을 얻었어요. 덕분에 〈놀러와〉는 토크쇼의 새로운 가능성을 제시하며 성공적인 결과를 거둘 수 있었습니다.

〈놀러와〉 신정수 PD는 한 전문지와의 인터뷰에서 "토크쇼는 인생을 듣는 것"이라고 정의하기도 했습니다. 그러한 의도에 걸맞게 〈놀러와〉는 최근 윤제문, 손병호, 김병옥 등 악역 전문 배우, 차화연, 금보라, 김진아 등 한 시대를 풍미했던 여배우, 나문희, 김영옥 등 작품으로만 만나던 노배우들을 연이어 초대하고 있죠. 또 게스트로 나온 소녀시대에게 '효'를 주제로 한 이야기들을 끌어낼 정도로 폭넓은 공감대를 형성하는 방송으로 진화하고 있습니다. 한때 배우들의 홍보의 장으로 활용되거나 흥미 위주의 이야기로 점철됐던 것과 비교한다면, 300회를 넘긴 〈놀러와〉는 토크쇼와 예능의 새로운 지평을 열어가고 있다는 평가를 받기에 충분해 보입니다.

〈오마이뉴스〉 2011년 2월 1일 자 기사

편 요즘 방송을 보면 특정 주제에 맞는 연예인들이 출연하여 이야기를 나누는 것이 일반적인데, PD님의 프로그램이 그 시초였다는 사실에 놀랐어요. 정말 자랑스럽습니다.

신　제가 연출했던 〈나는 가수다〉는 프로그램 제목이 정말 훌륭했다고 생각해요. 그전까지의 TV 프로그램 제목들이 주로 명사 형태였던 것과 달리, 〈나는 가수다〉는 주어를 명확히 제시하여 시청자들의 호기심을 자극했죠. 이 프로그램을 기획한 김영희 PD는 매우 유명한 PD로, 훗날 한국 방송사를 정리할 때 반드시 언급되어야 할 선배입니다. 기존의 음악 경연 프로그램들이 아마추어를 대상으로 했다면, 〈나는 가수다〉는 우리나라를 대표하는 최고의 가수들을 초대하여 프로의 무대를 선보였어요. 이는 단순한 형식의 변화를 넘어, 음악 프로그램의 새로운 지평을 열었다는 평가를 받았죠. 동일한 소재를 다루더라도, 작은 변화가 얼마나 큰 파급력을 가져올 수 있는지를 보여준 대표적인 사례라고 할 수 있어요.

신정수 PD 체제하에 MBC 〈우리들의 일밤-나는 가수다〉(이하 '나는 가수다')가 1일 첫 방송됐다. 이날 방송에서 '나는 가수다'에 새롭게 합류한 김연우, 임재범, BMK의 모습이 첫 공개됐으며 이들을 포함한 7인의 공연은 시청자들을 감동으로 매료시키며 성공적인 재개를 예감케 했다. 한 시청자는 "지금도 가수들의 울림이 가슴에 머물고 있다. 최고다. 이 이상으로 표현하기 힘들다."며 극찬했다. 또 다른 시청자는 "한 달간의 공백, 그리고 다시 시작. 예전만큼 큰 호응을 얻을 수 있을지 의문이었지만 이제 우리 가족은 일요일 저녁을 기다리게 됐다.”며 어떤 무대로 감동을 안길지 기대감을 나타냈다. “얼마나 기다렸는지 모른다. 기다린 보람이 있었다.”, “한 달 동안 기다렸는데 더 큰 감동으로 돌아왔다.”, “이렇게 좋은 가수들이 혼신을 다해 노래하는 것을 들을 수 있어서 감사하다.” 등 많은 소감들이 잇따르고 있다.

<이데일리> 2011년 5월 1일 자 기사

인생의 멘토는 누구인가요?

편 인생의 멘토는 누구인가요? 가장 힘들 때 의지하는 선배나 스승이 있다면요?

신 제 아내는 제가 AD 시절 함께 일했던 막내 작가였어요. 당시 메인 PD였던 신종인 선배님 덕분에 인연을 맺게 되어 지금의 아내를 만날 수 있었죠. 신 선배님은 제게는 은인과도 같은 분이에요. 1976년 MBC에 입사해서 〈영 11〉과 같은 명작 프로그램을 연출하신 베테랑 PD죠. 음악 프로그램 연출에 있어서 신 선배님만큼 깊이 있는 연출을 하신 분은 드물다고 생각해요. 〈일요일 일요일 밤에〉를 만든 송창의 PD와 신영희 PD 역시 제가 매우 존경하고 따르는 선배님들입니다.

마음속 멘토는 돌아가신 신영복 선생님이에요. 한국사의 격변기를 살아오신 선생님의 삶과 발자취, 강의 등 모든 글을 좋아해요. 선생님의 글을 보면 사람에 대한 따뜻한 시선이 느껴지죠. 방대한 양의 전문 지식을 누구나 쉽게 이해할 수 있는 언어로 풀어내는 능력 또한 탁월합니다. 특히, 자신의 지식을 자랑하기보다 겸손하게 상대방을 대하는 삶의 자세를 통해 많은 것을 배우고 있습니다.

편 인생에서 가장 기억에 남는 실패담과 성공담이 궁금해요.

신 2003년, PD로 입봉한 지 2년 차였던 저는 〈17대 1〉이라는 프로그램을 기획했어요. 남자들이 싸움할 때 자주 쓰는 과장된 표현인 '17대 1'을 프로그램 콘셉트로 삼아, 핫한 젊은 남성 연예인들이 한 명의 여성을 두고 경쟁하는 듯한 재미있는 상황을 연출하고 싶었어요. 〈무한도전〉처럼 새로운 예능 포맷을 만들겠다는 포부로 시작했던 것 같아요.

여자 연예인 한 명이 다섯 명의 남자 MC 중 한 명을 선택하는 포맷으로, 첫 회에는 당대 최고의 여가수를 초대했어요. 2층으로 구성된 특별한 세트와 함께, 유재석, 남희석, 신동엽 같은 기존의 스타 MC 대신, 하하, 팀, MC몽, 강두 등 신인 MC들을 발탁하여 새로운 조합을 시도했죠. 하지만 방송 결과는 예상과 달랐어요. 프로그램의 콘셉트가 선정적으로 해석되면서 사회적 비난을 받았고, 프로그램은 바로 폐지됐어요. 당시에는 '새로운 젊은 MC들을 데리고 새로운 경향의 버라이어티 쇼를 만들겠다.'는 포부로 가득했기에 더욱 안타까웠죠.

지금 돌이켜보면, 저는 욕심만 앞세워 시청자들이 젊은 출연자들에게 기대하는 바, 여성 출연자와의 관계 설정, 그리고 방송 수위 등을 전혀 고려하지 못했던 것 같아요. 당시 2년 선배가 프로그램을 보고 "무슨 말을 하고 싶은 거야? 연출자가 이 프로그램에서 보여주고 싶은 게 도대체 뭐야?"라고 하더라고요. 정말 쥐구멍에라도 숨고 싶은 심정이었죠.

제게 가장 기억에 남는 프로그램은 〈아름다운 TV, 얼굴〉이에요. 송창의 CP, 유근형 PD와 함께 기획 단계부터 참여하며 새로운 포맷의 프로그램을 만들고 싶다는 열정으로 가득했죠. 특히, 제가 맡았던 '스타 모놀로그'라는 인터뷰 코너는 잊을 수 없는 경험이었어요. 기존의 스타 인터뷰가 고정된 카메라 앵글로 진행되던 것과 달리, 저는 다양한 앵글을 활용하여 인터뷰를 촬영하고 싶었어요. 당시 스타 PD였던 송창의 선배가 유진박 씨 인터뷰를 찍어 오라고 하면서 이러한 시도를 할 수 있었어요. "선배님, 인터뷰를 좀 다르게 찍어보고 싶습니다. 카메라 두 대만 주세요."라고 말씀드렸고, 카메라 앵글을 자유롭게 활용하여 촬영한 결과, 정말 예쁜 영상이 나왔어요. 처음 완성된 영상을 선배에게 보여줬더니, "야, 이거 새롭다. 앞으로 모든 프로그램의 인터뷰가 다 이렇게 바뀔 거야."라고 하셨죠.

사실, 당시 AD라 방송 경험이 부족했고 트렌드에 민감하지 못했기에 그 의미를 몰랐어요. 그런데 한 달이 지나자, 곳곳에서 제가 시도했던 인터뷰 방식을 따라 하는 모습을 보게 되었죠. 제가 만든 인터뷰 영상이 하나의 유행처럼 번져나가는 것을 보니 기뻤어요. 다른 조연출들이 "〈아름다운 TV 얼굴〉처럼 찍어 오래."라는 이야기를 들을 때면, 미안함과 동시에 뿌듯함을 느꼈어요. 프로그램의 성공보다 새로운 트렌드를 만들어냈다는 사실에 더 큰 기쁨을 느꼈고, 어쩌면 저에게 예능PD로서의 재능이 있을지도 모른다는 생각을 처음으로 했던 것 같아요.

편　앞으로의 계획이 궁금합니다.

신　현재 LG U+ 콘텐츠 제작센터장으로 재직하며, 통신 기술 발전 시대에 통신과 콘텐츠가 밀접하게 연결되어 있다는 것을 실감하고 있습니다. 여전히 예능 콘텐츠 제작에 몸담고 있지만, 현장보다는 PD들을 관리하고 지원하는 역할을 수행하며 후배들과 함께 성장하는 기쁨을 느끼고 있죠. 하지만 관리 업무 외에도 통신 기술과 결합된 새로운 형태의 콘텐츠를 기획하고 싶은 욕심이 있습니다. 실시간으로 시청자와 소통하고 참여를 유도하는 쌍방향 예능 콘텐츠를 만들어 보고 싶어요. 과학기술의 발전이 콘텐츠 제작에 어떤 새로운 가능성을 열어줄지 기대됩니다.

이 외에도 개인적으로 철학 공부를 하고 있어요. 책을 많이 읽어왔지만, 철학이 어렵게 느껴져 멀리했던 과거와 달리, 어느덧 철학에 대한 깊은 호기심이 생겼어요. 현재 시민학교에 다니며 공부하고 있는데, 나이가 들어서도 꾸준히 할 수 있는 게 공부라는 생각이 듭니다.

스튜디오 X+U 제작센터장 신정수의 현재 모습입니다.

이 책을 마치며

편 오랜 시간 인터뷰에 응해주셔서 감사합니다. 만약 다시 태어난다면 어떤 직업을 갖고 싶으신가요? 그리고 어떤 인생을 살고 싶으신가요?

신 예능PD로서 즐겁게 일했지만, 만약 다시 직업을 선택할 기회가 주어진다면 학생들과 함께하는 선생님이 되고 싶어요. 학창 시절의 소중한 기억들, 특히 학교생활의 모든 순간이 저에게는 행복한 추억으로 남아있거든요. 점심시간의 도시락, 짧은 쉬는 시간에 농구장에서 한 게임을 하고 숨을 헐떡이며 들어와 듣는 수업 시간, 심지어 화장실 청소를 하면서 신세 한탄을 하던 순간들까지도 지금 생각해 보면 소중했습니다. 학교에서는 '벌'이라는 것은 사실 다른 사람들에게 도움이 되는 행동을 하는 것이었어요. 이런 생각을 이제야 깨달았으니 다시 학교에 간다면 잘할 수 있지 않을까, 하는 생각이 듭니다.

어른이 되어서도 중학생, 고등학생들과 이야기하는 것이 즐겁습니다. 학교에 가서 학생들과 소통하는 것이 좋다는 느낌이 강하게 들어 선생님도 하고 싶고, 학교와 관련된 프로그램도 만들고 싶어요. 제가 학생들에게 무엇을 가르쳐 주고 싶어서 선생님이 되고 싶은 것은 아니에요. 무한한 미래를 가진 학생들과 함께 있는 것 자체가 좋아요. 새로운 세대에게 배울 것이 정말 많기 때문이죠. 학교에서 학생들과 함께 생활하다 보면 세상이 어떻게 변화하고 있는지 제대로 배울 수 있지 않을까요? 다음 세대를 가장 가까이서 접할 수 있는 매력적인 공간이 학교이고, 학생들은 어른들에게 세상의 변화를 가르쳐 주는 최고의 선생님이라고 생각해요.

[편] 이제 마무리할 시간인데, 오늘 인터뷰 어떠셨나요?

[신] 긴 시간 동안 이야기하다 보니 저만의 추억여행이 된 것은 아닌가 하는 걱정이 되네요. 하지만 재미있게 살고 싶다면 예능PD를 직업으로 선택하세요. 재미있는 인생은 세상을 긍정적으로 바라보면서 사람들과의 소통을 중요시하는 인생이에요. 예능PD는 자기 노동의 결과물을 주변 사람 모두와 공유하며 많은 이야기를 나눌 수 있는 행복한 직업입니다. 물론 많은 관문을 거쳐야 하지만, 자기 적성에 맞는다면 반드시 해낼 수 있습니다. 고된 시간 속에서도 깊은 충실감과 즐거움을 찾아낼 수 있을 거예요. 지금부터 내 눈앞의 한 사람 한 사람에게 관심을 가지세요. 그들이 무슨 생각을 하고 있는지, 왜 그런 생각을 하는지 함께 고민해 보세요. 눈앞의 한 사람을 소중히 여기는 당신, 그 사람의 슬픔과 즐거움에 공감할 수 있는 당신은 미래의 유능한 예능PD입니다.

방송하는 사람들이 가장 좋아하는 말 중에 이런 말이 있어요.

"재미가 없으면 TV가 아니다."

재미있는 인생, 바로 예능PD의 인생입니다! 웃음이 끊이지 않는 이 길에서 여러분을 기다리고 있겠습니다. 지금까지 함께해 주셔서 감사합니다.

편 부모가 판사면 자녀도 판사를 꿈꾸고, 부모가 의사면 자녀도 의사를 꿈꾸는 경우가 많습니다. 이 세상에는 정말 다양한 직업이 존재하지만, 학생들이 접할 수 있는 직업은 매우 한정적이죠. 부모의 직업이 자녀의 직업이 될 수는 있지만, 자녀의 꿈이 부모의 직업이나 환경에만 국한되지 않기를 바랍니다. 이 세상의 모든 직업이 학생들에게 활짝 열려 있기를 소망합니다. 자기 적성에 맞는 일을 찾으면 고생조차 달콤한 행복한 인생을 살 수 있을 거예요. 이 세상의 모든 직업이 여러분을 차별하지 않고 모든 문을 활짝 열 수 있도록 잡프러포즈 시리즈는 부지런히 달려갑니다. 다음 편에서 뵙겠습니다! 감사합니다.

재미있게 살고 싶다면
예능PD

나도
예능PD

〈인터뷰 만세〉
내 이웃들에 관한 콘텐츠를 만들어 보세요.

- 방법: 내 주위에서 나와 같이 살아가는 사람 열 명을 선정해 인터뷰를 진행하세요.
- 똑같은 질문 열 개를 그들에게 물어보고 답을 들어 콘텐츠를 만드세요.
- 대상: 내가 알고 있는 사람이면 누구나 상관없지만 연령대는 다양하게 구성되었으면 좋겠습니다.
- 핵심 질문: 아홉 개의 질문은 연출자가 회의를 통해 선정하고, 마지막 질문은 그 열 명이 생각하는 '나'에 대한 이야기를 들어 보세요. 지금 촬영을 진행하고 있는 나를 그들은 어떻게 생각하는지?
- 등장인물에 대한 정보를 자막으로 설명해 주고, 음악을 잘 선정해 만들어 보세요.

<선생님, 우리 선생님>

나를 가르치고 있는 선생님의 영상을 만들어 보세요.

- 총 다섯 명의 선생님을 선정해 그 선생님이 누구인지를 소개해 주는 영상을 만드세요.
- 분량: 선생님 당 3~5분 정도로 만듭니다.
- 선생님마다 어떤 주제로 접근할지 정하는 구성 회의부터 친구들과 회의하면서 진행하세요.
- 선생님을 캐스팅해야 하니 그런 과정도 실제로 부딪혀서 진행합니다.

＜나도 가수다＞
자신의 사진과 동영상으로 뮤직비디오(M/V)를 만드세요.

- 뮤직비디오는 음악에 맞춰 영상을 만드는 작업입니다. 자신의 동영상을 통해 재밌고 웃긴 뮤직비디오를 만드세요.
- 가장 중요한 결정 사항은 노래를 먼저 정해야 합니다.
- 노래에 맞추어 어떤 뮤직비디오를 만들지 생각하고 주제를 정해야 합니다.
- 주제에 맞추어 개인 동영상을 찍은 후, 노래에 맞춰 편집하고 나만의 뮤직비디오를 만듭니다.

<1인 미디어 나의 먹방>
자신이 가장 좋아하는 음식을 가지고 먹방을 만들어 보세요.

- 목적: 유튜브에 많이 공개되어 있는 먹방을 1인 미디어로 직접 만들어 보세요. 단, 생방송일 필요는 없습니다.
- 음식은 본인이 결정합니다.
- 기존의 먹방 콘텐츠를 보며 어떤 장단점이 있는지 분석하고, 자신의 콘텐츠는 어떤 내용을 담을지 결정합니다.
- 자막, 편집 숙련 (편집 프로그램에 대한 훈련)
- 분량: 10~15분 정도의 분량으로 만듭니다.

청소년들의 진로와 직업 탐색을 위한
잡프러포즈 시리즈 16

재미있게 살고 싶다면
예능 PD

2025년 6월 2일 개정판 1쇄

지은이 | 신정수
펴낸이 | 김민영
펴낸곳 | 토크쇼

편집인 | 김수진
표지디자인 | 이든디자인
본문디자인 | 문지현
홍보 | 이예지

출판등록 | 2016년 7월 21일 제 2023-000173호
주소 | 서울시 마포구 월드컵북로98, 2층 202호
전화 | 070-4200-0327
팩스 | 070-7966-9327
전자우편 | myys327@gmail.com
ISBN | 979-11-94260-36-3(43190)
정가 | 15,000원